U0566367

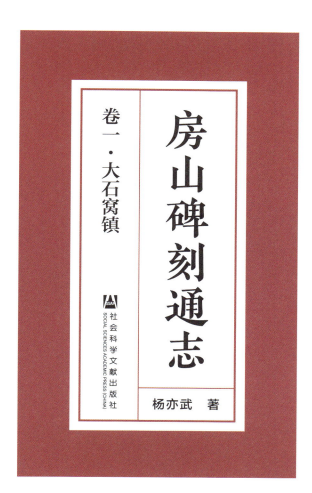

卷一·大石窝镇

房山碑刻通志

社会科学文献出版社
SOCIAL SCIENCES ACADEMIC PRESS (CHINA)

杨亦武　著

总 策 划

曹 蕾

本卷策划

杨海峰　曹燕杰　朱华俊

大石窝镇碑刻资源调查项目

序

　　历代碑刻是研究历史文化、地方文化、民俗文化的一把钥匙。完整系统的碑刻文献是研究地方历史文化的百科全书，是地方人文历史最直接、最确凿、最可信的文献。在碑刻丰富的地区，完整系统的碑刻史料，其丰富和准确的历史信息，可以勾勒一个地区历史文化的全貌。

　　房山历代碑刻总数800余件，历史年代自北魏、北齐、隋、唐、辽、金、元、明、清，直至民国，其分布遍及域内所有乡镇街道。时代延续之久，分布之广，内容之丰富，令人叹为观止。这是祖先留给后人的一笔丰厚文化遗产，我们这一代人，应该将其完整地发掘整理，惠于今人，传之后世。

　　在京津冀协同发展的大背景下，首都北京正以惊人的速度迈向城市化。经过十年，二十年，或是更长一段时间，传统农村将彻底消失。植根于乡土的碑刻文献的研究发掘，有赖于这片乡土。因而抢救性的发掘整理碑刻资料，是时代赋予文化工作者急迫的责任和使命。房山是首都历史文化大区，北京文明的发祥地，全面整理历代碑刻资料，对北京历史文化研究极为重要。此前出版过房山的一些碑刻资料，收录碑刻少则几十件，多则一二百件，对地方文化裨益颇多，进而期待一部全面系统志录房山碑刻的专著，可喜《房山碑刻通志》著成付梓。

　　1999年至2001年，我曾任房山区文化文物局长，其间把房山历史文化的发掘整理作为工作重点，普查田野石刻，对可移动的石刻集中保护，拓印整理碑刻资料。杨亦武当时在本局做文物工作，我得知他1982年着手房山碑刻资料的收集整理，即给予大力支持，安排其赴哈尔滨阿城考察金上京，赴上方山进行为期三年的历史文化调查，形成了《大房山金陵考》《房山历史文物研究》《云居寺》《上方山兜率寺》等阶段性成果。2001年末，我调往房山区教委任职，杨亦武的历史文化研究仍在继续。他持之以恒，坚持不懈，集三十余年之功，终于完成了800余件碑刻的抄录、整理、考证、分类、编目，著成《房山碑刻通志》，并将陆续出版面世。

《房山碑刻通志》以乡镇（街道）列卷，全志共八卷，各乡镇（街道）篇幅依碑刻多寡而异。大石窝镇碑刻称最，独列三卷，其余五卷均为数镇（街道）合卷，如卷四，即为城关街道与周口店镇合卷。每卷镇（街道）下列村，村下录碑，从而涵括房山全域碑刻，形成完整的地方碑刻文献体系。

这部通志是解读房山历史文化最确切、最直观、最全面、最系统、最真实、最可靠、最实用的地方文献。此著不止收录碑刻原文，而是志、录、注、考兼备：志，概述镇村历史文化及碑刻大略，介绍碑刻存在的镇村历史文化环境；录，即录入碑刻原文；注，注明碑刻的基本情况；考，对录文进行考证诠释。在录文过程中，著者认真抄录碑拓原文，校订了旧志碑文和历代录文中的讹误，删衍补脱，确保碑文原真无失，力图使本志成为最可靠之碑刻文献。著者对碑文考释颇下功夫，通过碑文的解读，厘清历史的来龙去脉。因而此志不仅是一部碑刻志，更是一部以碑刻为视角的地方志。一志在手，即可全面了解房山的历史文化、宗教文化、民俗文化之方方面面。既为房山区经济社会发展提供了历史文化支撑，又为北京史研究奠定了碑刻文献基础，其重要的文化价值不言而喻。时间是检验著述价值最好的尺度，我们还是让时间说话，让历史做出评价。

碑刻的整理研究是一项辛劳而艰巨的工作，不仅需要必要的学术研究能力，更需要勤奋担当，吃苦耐劳。著者以一个文化人的责任和使命从事这项文化工程，故能三十年如一日，寒暑交替，为之不辍。像这样全面系统志录、整理、研究地方碑刻，并最终形成专著的，在北京十六区县实不多见。因此，也就愈加难能可贵。

传承文化是社会的责任，需要有人担当，谁来做不重要，重要的是有人来做。这是一种自觉的文化行动，作为一个文化人，应自任使命，勇于担当。《房山碑刻通志》的面世，令人鼓舞，使人振奋。时代呼唤更多脚踏实地的文化人，呼唤更多有利于国计民生的文化力作。

郭志族 ※

2018 年元月于京南良乡

※ 郭志族，北京市房山区人大常委会副主任。1959 年出生，北京市房山区人，1981 年 7 月参加工作。历任北京市房山区教育局党委副书记、纪委书记，北京市房山区文化文物局党组副书记、局长，北京市房山区教工委书记、区教委主任、区学习办公室主任，北京市房山区三化两区建设咨询委员会副主任委员。2015 年 1 月，当选为北京市房山区人大常委会副主任。

凡　例

一、本志碑刻分类以地域划分。以乡镇（街道）为单位，乡镇（街道）下列村，村下列碑刻。同一村中、同一地点的碑刻原则上列在一起。一村多点的，依次列出各地点碑刻。每个地点则以碑刻时间的先后为序。如此，以碑刻形成完整的地方文化体系，便于对地方文化予以整体把握。

例：卷一大石窝镇，收录88件碑刻，分属石窝村、辛庄村、广润庄、北尚乐、南尚乐五村：石窝村35件、辛庄村16件、广润庄10件、北尚乐17件、南尚乐10件。其中辛庄村有福胜寺、隆阳宫、关帝庙、药王庙等，该村目下便依次录下上述地点的碑刻；每个地点以碑刻时间的先后为序，如隆阳宫碑刻，最早为元代，其次为明代、清代，碑刻顺序如下：

元至元二十八年（1291）《重修隆阳宫碑》、元至治二年（1322）《大元加赠真大道教始祖刘真君之碑》、明隆庆六年（1572）《重修隆阳宫碑记》、清乾隆三十一年（1766）《重修隆阳宫施买香火地碑记》、清乾隆三十一年（1766）《重修隆阳宫大殿建立禅堂成砌群墙置买并施舍地亩等事序》。

二、本志以乡镇（街道）分卷，全志800余件碑刻，共分八卷，每卷一册。每卷平均收录碑刻百件，由于乡镇（街道）碑刻数量不同，每卷收录碑刻数量不一，有的过百，有的不足百件。大石窝镇碑刻最多，共占三卷，其他乡镇（街道）为两个或多个乡镇（街道）合卷。

三、本志分别采取三级目录或两级目录。独立成卷的乡镇（街道）为两级目录，一级目录为村，二级目录为碑刻。合卷的乡镇（街道）为三级目录，一级为乡镇（街道），二级为村，三级为碑刻。

四、本志体例分为志、录、说明、考释、附录。

1.志：本志立足于地方文化，在乡镇（街道）、村两级标题下，均志述历史文化背景、碑刻综述。

2.录：收录碑刻原文，是本志的主体。本志收录的碑文，均为尚有碑刻或碑刻拓片存在的。对文献中有记载的碑刻文字，原则上依原拓对其脱、衍、错等问题予以校正。

3.说明：碑刻说明，本志收录的除碑刻外，还有经幢、墓志等，为表述一致，统称为"碑刻说明"。重点说明碑刻朝代、出处、尺寸、碑额文字。对于碑文撰者、书者，碑额书者、刊者，由于碑刻记载分明，不再重复。

4.考释：碑文考释，是对碑文的考证和解读。根据内容不同，考释分别为"碑文考释""幢文考释""墓志考释""题记考释"等。这部分，除对碑文考证和解读外，着重阐释碑文记载的史迹与地方文化的联系。

5.附录：附录碑文。为了保证历史文化信息的完整性，相关散见于各种文献的碑刻，因无原石和拓片存在，不能录入碑文，故注明出处，以附录的形式记入本志。如《卷三·大石窝镇》收录的唐开元十四年（726）刘济《大唐云居寺石经堂碑》，是晚唐时期云居寺刻经的重要文献，原碑虽然遗失，亦收录于志中。

五、本志村名表述。

1.以"村"冠名的村，原名照录。例：周口村。

2.不以"村"冠名的村，村名两个字的，后加"村"；村名三个字的不再加村。例：辛庄，录为辛庄村；周口店，录为周口店。

目　录

辛庄村

南尚乐

导　言

　　早在一万年前，智慧的先民便在大石窝镇拒马河畔的镇江营掬河而灌，陶土而炊，创造了灿烂的镇江营文明，掀开了古北京早期文明最为辉煌的篇章。从新石器时代至晚商，古老的北京文明聚焦在镇江营。拒马河畔的镇江营，人文繁华，成为圣水之畔灿烂的燕都文明之前奏。西周燕国时期，镇江营人口稠密，村庄兴旺。房子一改原始的圆形而为方形，平地建筑，用草拌泥垒墙，夯打柱础，铺好黄沙居住，灶壁上挖出烟道，通向户外。有的房子做出内外间，日常陶器摆放在灶址周围。这也是北京地区迄今发现的最好的聚落遗址。

　　秦王嬴政二十三年（前224）灭燕，在涿邑置涿县，大石窝镇为涿县属地。大石窝镇西汉时属涿郡西乡县，当年西乡县西南有鸣泽，鸣泽之畔的山，史称独鹿山。大石窝镇的独树村，自西汉延续至今，村名由独鹿衍化而来。大石窝镇，东汉属涿郡涿县，三国属范阳郡涿县，西晋属范阳国涿县，北朝时期仍属涿县，隋先后属幽州、涿郡涿县，唐代属幽州范阳县弘化乡，辽代属涿州永泰军。金代属涿州范阳县永福乡，大定二十九年（1189）改隶中都大兴府万宁县，明昌二年（1191）改万宁县为奉先县，大石窝镇地属白玉乡上乐里，崇庆元年（1212）属中都奉先县怀玉乡独树里。元初未变，至元二十七年（1290）属大都路涿州房山县怀玉乡独树里，明代属顺天府涿州房山县怀玉乡独树里、张坊里，清代属顺天府涿州房山县西南乡，民国属京兆房山县。民国初改乡为区，房山县设五个区，大石窝镇属五区，后设九个区，大石窝镇属七区，其中镇江营、下滩、王家磨、郑家磨、蔡庄属八区。新中国成立后，大石窝镇先属张坊乡，后为南尚乐乡，后改今称。

大石窝镇以汉白玉著称于世，东周燕国时期，这种稀世美石便以"燕石如玉"驰名，后世称为玉石，或称白玉，直到清以后，才称汉白玉。汉白玉的开采和汉白玉工艺，发轫于燕国，继踵于汉，初兴于北朝造像。隋唐时期，静琬刊刻石经，汉白玉开采始盛。辽代，汉白玉用于南京陪都和宫殿建设，金营中都与金陵，元营大都，明清营北京与帝陵，汉白玉承载了三千年的古都文明史，号称北京古都之基，紫禁城、故宫之基。

佛教圣地云居寺绵延一千四百余年，素称"塔林碑海"，引领了大石窝镇宗教的繁荣。加之历代采石人为求平安祥和，创修寺庙，全镇自唐以来寺观庙庵众多，除云居寺之外，唐代创建的寺院有岩上磨碑寺、北尚乐禅房寺、南尚乐兴禅寺。辛庄隆阳宫始建于金大定年间，元代为真大道教重要道场。北尚乐杨氏，前石门邢氏，以及各村大大小小的世家，造就一方仕风。兼之地利，较之其他乡镇，大石窝镇历代碑刻最为丰富，共有碑刻279件，占房山区碑刻总数的1/3有余，分布于石窝村、辛庄村、广润庄、北尚乐、南尚乐、水头村、岩上村、独树村、后石门、前石门、下营村、高庄村、半壁店、惠南庄、王家磨十五村及云居寺，其中：隋代1件、唐代33件、辽代13件、金代9件、元代13件、明代46件、清代127件、民国37件。《房山碑刻通志》共八卷，卷一、卷二、卷三均为大石窝镇卷。

《卷一·大石窝镇》收录的88件碑刻，其中辽代1件、金代4件、元代7件、明代20件、清代44件、民国12件。分布于大石窝镇石窝村、辛庄村、广润庄、北尚乐、南尚乐五村：

石窝村35件——元代1件、明代11件、清代21件、民国2件。

辛庄村16件——金代3件、元代2件、明代3件、清代6件、民国2件。

广润庄10件——明代1件、清代5件、民国4件。

北尚乐17件——辽代1件、金代1件、元代2件、明代4件、清代7件、民国2件。

南尚乐10件——元代2件、明代1件、清代5件、民国2件。

　　收录的 88 件碑刻，碑记的数量与碑刻的数量并不等同。寺碑习惯上碑阳为记，碑阴为捐资修寺者题名。个别寺碑，后世在空白处另镌碑记，故有一碑两记现象，如明正德十五年（1520）《三官庙重修记》碑的左下方，刊有民国十八年（1929）《黄龙山车道纪念碑》，而崇祯三年（1630）《大石窝西店新建井碑记》碑的左下方则刊有民国三十年（1941）《食此井水附近民保留古槐记》。墓碑往往阳题、阴记，或是有题无记。经幢为梵文者，只有汉文幢题。故本志除收录碑记，还收录了碑阴题名，墓题、幢题。其中收录碑记 84 篇、碑阴题名 15 则、墓题 12 则、幢题 2 则。五村分布如下：

　　　　石窝村——碑记 36 篇、碑阴题名 4 则、墓题 2 则。

　　　　辛庄村——碑记 15 篇、碑阴题名 4 则、幢题 1 则、墓题 2 则。

　　　　广润庄——碑记 10 篇、碑阴题名 2 则。

　　　　北尚乐——碑记 14 篇、碑阴题名 4 则、幢题 1 则、墓题 4 则。

　　　　南尚乐——碑记 9 篇、碑阴题名 1 则、墓题 4 则。

石窝村

石窝村得名于汉白玉的开采。此地原本没有村，在大石窝镇西部建大石窝石厂，自明中期以后，逐渐有人居住下来，明清之际，形成东店和西店两个聚落，直到清中期，才最终形成石窝村。

汉白玉开采地在独树，因此独树是本地最早的采石聚落，元世祖至元四年（1267）至至元十三年（1276）历时十年建设大都城和皇城宫殿，大量开采汉白玉以供建设之需，除继续在独树村采石外，在大石窝镇西部另辟采石点。明永乐帝建北京城，继续在大石窝开采汉白玉，以西部的开采点为主。前朝元代在开采点遗留下巨大的矿坑，俗称大石窝，于是皇家便把石厂的名称叫作大石窝石厂，石厂设在黄龙山南麓的平旷之处。正德十三年（1518）重建乾清宫、坤宁宫，开采汉白玉，明廷命内官监太监郑玺董工，创建石厂官厅。

在大石窝石厂的东西两侧先后有人开店，根据方位，分别叫东店和西店。万历二十年（1592）《新建真武庙记》："大石一窝，盖天造地设，以供国家万年磐石之用，其来亦邈矣，内有厂，所以宰此窝也。厂外有店，曰西店，夫店以西名，在厂垣以西取义也。"这说明，在万历二十年（1592），大石窝仅是矿址和石厂的名字，而西店并非聚落，只不过是大石窝石厂西墙外的一个行脚店而已，以此观之，东店亦即如此。

直到明末的崇祯年间，这里才有了固定村居，清康熙三年（1664）佟有年修《房山县志》，在卷二"乡村"中，载有"石窝东店""石窝西店"两个村，可见石窝村形成早期，是以东店和西店为中心，聚集落户的两个村。

清中期的乾隆年间，石窝东店、石窝西店两村合二而一，形成石窝村。乾隆十一年（1746）《重修关帝庙碑》记载："今大石窝村有关帝庙一座。"

　　总之，"石窝"的名字形成于元末明初，石窝村始于明末，形成于清中期，而石窝村的住民多为明清两代工匠艺人或是役夫或其传人。石窝村，是一个名副其实的采石聚落。

　　明清两代，采石官员和督理石工的内官监太监出于信仰的需要，在石厂周边累年创修三官庙、关王庙、龙王庙、真武庙、观音庵、白衣观音堂、南大庙、药王庙、灵官庙、八郎庙、万泉庵、火神庙、五圣庙、公输子祠、娘娘庙、天仙庙等大小寺庙 17 座。在一个普通的村庄，怕是没有哪个村比石窝村的寺庙更多。这些庙宇记录下明清两代石窝采石的珍贵信息，成为明清两代汉白玉开采史的缩影。

　　本卷收录石窝村碑刻 35 件，其中元 1 件、明 11 件、清 21 件、民国 2 件。

○○一　焦公墓志

公讳珵，字子琪，焦得进之次子也。公性达，幼习公输子之业，尤精于筑辇，侍亲至孝，为人秉直，处众咸服其信义，公行如是。妻张氏颇修妇道，所生子女五人。长男方奴未立蚤卒。次男伯义，年方弱冠通书，以才能见用，选充鲁王位下府吏，甚称其职。长女玉珎适田族，次女合当适杜氏，各修妇道。

公生于丙辰年二月廿七，卒于泰定三年五月廿二日，寿年七旬。今者男伯义忆亲育养之恩，殊无报本之义，立石刻文，记述亲之隆德，以示来者。

大元泰定五年岁次戊辰二月乙卯十五日戊申

男焦伯义立、次男焦六儿同立

碑刻说明

元刻。1989 年大石窝镇石窝村出土。碑高 83 厘米，宽 58.5 厘米，厚 15 厘米。13 行，满行 16 字。

墓志考释

焦珵，字子琪，父焦得进，生于丙辰年即蒙古宪宗六年（1256）二月。自幼学习木匠手艺，精于打制木车。娶妻张氏，有子女五人，二子焦伯义，是个读书人，入鲁王府做府吏。焦珵于泰定帝泰定三年（1326）五月去世，活了七十岁。焦珵去世的第三年，其子焦伯义、焦六儿卜地于白带村东而葬之。当时石窝村尚不存在。

焦姓是张坊镇南白岱村土著，在唐辽云居寺石刻中都有焦姓。白岱村在唐代就有，本名白带村。《焦公墓志》是研究张坊焦姓家族的有价值的文献。

○○二　大石厂新井记

赐进士出身朝议大夫两浙都转盐运司同知兼户部员外郎□□郑洪撰

乡进士出身承德郎山东莱州通判东吴陈瑛德润碑额篆并书丹

泉在地中出，众乡人□通泉穴□□即出水，其用则□□溉濯者资之。以故通都大邑，穷乡僻陬，未尝一日无井以有生者。今而曰新井者，何□□无也？顺天涿州治邑房山里名独树者，素艰于水，用则经十余里乃得，□则烦□匮涸，烹饮者，溉濯者甚苦之，莫如之何也已。正德岁戊寅，朝廷御营乾清、坤宁二宫，而钦派内官监□□□御用监太监□□，提督内官监太监□□□□□□□引道司属，乃于大石窝伐白玉等石，□□□□太监闫清实奉旨董务其事，□□□□□□□□□□□□地□石得是里寓焉。闫公一日索水，需久之乃得，询汲者，汲者告曰：此□某地若干里，以故迟。公叹□□云：奉朝廷营建大□道此独□□□□人□□□□利汲乎。易曰"井冽寒泉食"，诗曰"日用饮食"，皆为是井而发。而所系亦甚且急者，可尚缓乎？□乃汝□□□□□□□□□不能顾□□观流水以襄予志乎？汝砺曰：唯唯。□□□□按经源土□，则曰：唯石厂官厅前有泉乃甘。及令凿及九仞□则泉涌出，酌而饮之曰：是可以荒乎？又建数椽为庙，□龙王神，祀以□之礼也。即竣，以岁月不可记，属予言镌□于克永。予□天下之焉有易而难□□，则然卒偏于人亦弗之难，犹是新井也。井水不凿无得，泉无地不可，而是里独无者，岂地特爱此泉而不人是□□□地照□独人欤？前此营大功采石是土者，其劳当路，亦屡□而曾不井者，得非心思未之及与？其相地协吉者，职欣天下□成里□□□而曾不□地能□□井者得□未欣厥所然欤？是概未可知也。乃今泉溢氃成，不穷井养，有可汲之用，无不食之汲，易难而易，复免需□□水忧，岂俯就也哉。故兹井凿而地道距焉，兹井凿而民用利焉，兹井凿而同乡之义兴焉，兹井凿而劳民勤相之亲□焉，□□□之□心仁□公之同□□而得矣，盖有不赖予言记而民□□□矣，后之新汲者尚思所以润泽之用而颂□云。

钦差总理提督司礼太监□□

钦差总理提督御用监太监张永

内官监提督□□太监□□

内官监□□□□太监闫清

管理□□太监郑玺、马俊、陈智

管工太监等官□□、□□、□□

司房办理文书官曹□、马广、张阳

监工太监等官张恭、□赟、昝文鉴、张纪、张俊、刘聪、徐斌、张本忠、崔住

大明正德十三年岁次戊寅孟夏吉日立石

碑刻说明

明刻。在石窝村，拓片通高 181 厘米，宽 79 厘米。碑额篆书"大石厂新井记"。

碑文考释

正德岁戊寅，明正德十三年（1518）。

明朝自永乐四年（1406）动工兴建北京皇宫，直到明末，其间经历了正统、景泰、天顺、正德、嘉靖、隆庆、万历，到天启七年（1627），时间跨度长达 221 年之久。当年，明廷在大石窝镇建两个石厂，一个是东部的独树石厂，别一个就是西部的大石窝石厂，其中大石窝石厂为主要开采点，所以又称大石厂。

明嘉靖三十五年（1556）《大石窝关王庙竖立碑碣记》："正德戊寅岁武宗皇上重建乾清、坤宁宫，伐取白玉，特命内官监太监郑公玺董理公务，公于彼创建石厂官厅一区。"可见，正德十三年（1518），明廷在大石窝石厂设立了官厅，作为明代采石管理机构。

此碑记载，大石窝石厂一向缺水，取水要到十几里外。明正德十三年（1518），御营乾清、坤宁二宫，督工管理太监闫清要人取水，结果等了好久才把水取来。闫清一问，才知道附近没井，取水要走很远的路，往返费时。

见石厂官厅前有甘泉，令人深凿九仞，出水。按一仞8尺，一尺23厘米，九仞约为16.56米。从永乐四年（1406）到明正德十三年（1518），明廷在大石窝采石历时113年之久，在一向乏水的状况之下，这是大石窝打的第一眼水井。水井凿成后，又在石厂前建龙王庙一所，并立石为记。

〇〇三　大石窝关王庙竖立碑碣记

人以诚而格神，神以灵而感人。神人之分虽有幽明之殊，而其感格之妙者无间也，盖本乎一诚之所至也。

正德戊寅岁武宗皇上重建乾清、坤宁宫，伐取白玉，特命内官监太监郑公玺董理公务，公于彼创建石厂官厅一区。前盖关王庙一座，为正殿者，内肖义勇武安王之神。左右则有僧室庖廪之房，周围列以墙垣，植以松桧，重门钟亭，凡诸供仪靡所不备。爰命僧众晨钟暮鼓，上祝皇图之永固，下保士庶之康宁，猗歟盛哉！

今皇上御极以来，崇祀大典。在外则恭建郊庙坛宇，在内则营建慈宁、慈庆、大高玄殿并雷霆洪应之殿，屡命太监公等不可尽述。今先任提督山场督理工程内官监太监杜公泰，于嘉靖二十八年二月十二日，该司礼监抄出，奉圣旨："着内官监太监杜泰提督巡查，光禄寺该衙门知道。钦此！"钦遵于三十一年，回监金押管事。至于三十五年三月内，节奉钦依建造神应轩、书造局及万法宝殿并永寿宫、帝真殿等殿，工程浩繁，仍命公提调大石窝山场等处督理工程。公自命以来，兢兢业业，如执玉，如捧盈。民无妄劳，物无妄费。每思图报之诚，当怀尽忠之职。暇日瞻于斯庙，自系悯而叹曰：有此创建之规而无志墨之遗。乃捐己赀，命工刻石以垂不朽，属予为记。予谓明明在天，万神居焉，而独敬奉关圣者何？盖以其神最显应，威武恒存，如日月在天，若或见之，是以人心之灵而灵之，非神欲自灵而灵于人也！遂为之记。

嘉靖三十五年十二月

钦差提调大石窝等处山场督理工程内官监金书太监杜泰立

碑刻说明

明刻。在石窝村关帝庙。拓片高 86 厘米，宽 56 厘米。

碑文考释

正德戊寅岁，正德十三年（1518）。

碑记载了明代大石窝官厅的创建："正德戊寅岁武宗皇上重建乾清、坤宁宫，伐取白玉，特命内官监太监郑公玺董理公务，公于彼创建石厂官厅一区。"可见大石窝官厅为正德十三年（1518）明武宗朱厚照重建乾清宫、坤宁宫，开采汉白玉时，负责督理石工的内官监太监郑玺创建了石厂官厅。

碑文直言"伐取白玉"，而不称"汉白玉"，可见到明嘉靖三十五年（1556），"汉白玉"仍称"白玉"。

此碑名为《大石窝关王庙竖立碑碣记》，实则详实记录了嘉靖朝营造宫殿开采汉白玉的史实：嘉靖皇帝即位后，营建慈宁宫、慈庆宫、大高玄殿、雷霆洪应殿，并营建郊庙坛宇，屡命太监到大石窝石厂督工。这其中就有内官监太监杜泰。

杜泰先后两次到大石窝石厂督工：第一次是在嘉靖二十八年（1549）到三十一年（1552），即为营建上述宫殿，任"提督山场督理工程"；第二次在嘉靖三十五年（1556），当年三月，营建神应轩、书造局、万法宝殿、永寿宫、帝真殿，工程浩大，杜泰又被命提调大石窝山场等处督理工程。

此碑珍贵之处在于，还记载了关王庙的创建年代，即正德十三年（1518）。当年重建乾清、坤宁宫，采取汉白玉，特命内官监太监郑玺董理公务。郑玺在大石窝创建石厂官厅，在石厂创建关王庙一座。碑文记载了关王庙的规模：重门两进，正殿奉义勇武安王关羽神像，左右是僧室、庑廪，四周建围墙，建钟亭，植以松柏。

关王庙落成 38 年后，即嘉靖三十五年（1556），内官监太监杜泰到大石窝官厂督工之余，来到官厅关王庙，发现竟然没有立碑记事，于是捐资让工匠刊石立碑。

关王庙，就是关帝庙。关羽在不同时期有不同的封号，总的趋势是，愈封愈高。由于时代不同，关庙的名号便称王、称帝而有异：关公生前获封汉寿亭侯，北宋徽宗崇宁元年（1102）追封为"忠惠公"，大观二年（1108）复封"武安王"，宣和五年（1123）再封为"义勇武安王"，后历南宋到元均以王封，元文宗天历元年（1328）封为"显灵义勇武安英济王"，直到明神宗万历十年（1528），才加封"协天护国忠义帝"，四十二年（1614），再加封为"三界伏魔大帝神威远震天尊关圣帝君"。故元明时期的关庙均称"关王庙"，直到明万历十年（1528）后才称关帝庙。

○○四　采石记

大石窝开塘起取白玉石等料，建造神应轩、书造局、万法宝殿、永寿宫、帝真殿等工所，钦差提调大石窝、周口店、房良二县磁家务、马鞍山、灰厂、琉璃局、白虎涧一带山场督理工程内官监金书太监杜泰，司房奉御官王庆、温海，监工奉御官张□、张宪、陶平、傅琦、李松，本厂掌厂太监王海，奉御官王旋、陈旺，掌作监工。工部文思院。

嘉靖三十五年十二月吉日立

碑刻说明
明刻。在石窝村关帝庙。拓片通高 137 厘米，宽 61 厘米。

碑文考释
嘉靖三十五年（1556），杜泰刊立《大石窝关王庙竖立碑碣记》的同时，立此《采石记》。据此碑，当年营建神应轩、书造局、万法宝殿、永寿宫、帝真殿，不仅到大石窝采碑，同时还到大石窝西，今张坊镇的马鞍山，房山县北，今河北镇的磁家务，以及今属丰台区的大灰厂，门头沟的琉璃局，昌平区的白虎涧多地采石。碑文还记录下督理工程、司房奉御官、监工奉御官，大石窝石厂掌厂、奉御官等太监，及掌作监工，工部文思院等部门，弥足珍贵。

○○五　重修汉前将军关侯庙碑之记

赐进士第吏部给事中前翰林院庶吉士蕲黄梅之焕撰文

赐进士第文林郎知房山县事□间张肇林书篆

享天下之荣名异数而可以计算得之者，天下之所知也。享天下之荣名异数不可以计算得而犹可以揣量得之者，天下之所不知。而立言之士，或能极拟而得其仿佛者也。若计算之所不得，揣量亦不可以得之，而其享天下之荣名异数，又震天壤，冠今古而无以复加，则如天下之奉故汉前将军关壮缪侯者是已。夫天下之奉侯也，广于黉宫，侈于清庐。自缙绅堂士，以迨红女婴孺，靡不心折颡顿，以兢兢于不可犯。

而侯所以捍患而鼓舞之者，亦若日月之经天，而光彩为之常鲜。斯何以得此于天下哉？说者曰：侯所以享天下之无复加者，以心之不了也。即如张睢阳、岳武穆，心皆不了。而一厄于势，一阻于奸，尚可委命之无可奈何。侯独无厄无阻，而麦城之缓急，发于盟好不自备之敌，吞吴遗恨，千古悲之！而侯之灵爽因有所寄于不穷，此一说也。或又曰：侯之所享于天下者，正以心之能了也。夫诸葛武侯、张桓侯与侯侪偶人也。然外史所记皆不免再生而或食禄于唐，或徇节于宋，侯独得度于天台智者之教，入三摩钵提，净名忠孝，世无与俪，震旦崇祀，良不偶然。此又一说也。

嗟乎！立言之家所以极拟而得其仿佛者，不遇如此而已。余窃惑之。夫以心之不了而精魄雄强，扬诩噏张，以求崇于人者，固非所论于侯。即以心之了而延脱轮回，思维路绝，亦不闻有度尽世人之愿，何必以亿兆身应亿兆心，种种昭著若此哉？盖侯所以享天下之荣名异数者，诚不可以计算揣量得。而余窃不自意，于极拟之外或有所窥见于侯者。夫古今得天下之正，三代而下，昭代而上，无过汉已。汉之天下讧于莽，篡于操，岌岌于中山之一线，而其所以遂不得为汉者，又独在于侯之一身，而又独在于樊城之一举矣。与昭烈心膂者亦自有人，而独系侯者何也？盖汉自失侯而蜀遂窘于蜀也。夫出荆州以争王业，与出汉中以守王业，势相万也。以操之用兵如神，群雄席卷，曾有狼顾鼠窜，至欲迁都以避。如侯樊城之举者哉，令侯进兵逼许，而昭烈使武侯、桓侯出屯襄沔以继其后，于以杜孙之刚而褫曹之魄，甚便也。计不出此而独委侯与曹竞，又以剩口之吴为后，咎几何不以将将敌哉。

盖视幕僚之首，自撒假子之效不前，未尝不叹咤于汉业所以存亡，而恨蜀君臣之谋失也矣。昭烈白帝之役，盖宁以国以身徇，而岂懵此。则侯之所享于天下者，天固靳之，而天固成之。拭观武侯事业孰与留侯诸人？杂耕未已，呕血酸辛，至今吊秋风。五丈原视诛秦促项者，其令人歌思又孰烈也？公之荣名异数亘古常新意在斯乎，而终未足以推拟侯之万一也！

京之左辅曰房山者，实为股肱。郡水部李公督石其地，费省功倍。房山令杨君以廉能佐之，相与捐俸置学田，复于侯之祠落成焉，一不以烦民。盖知侯所憩云昔冒有火井，传以为汉德之祥。桓灵之末，或投束蕴而熄，诸葛武侯一窥之而焰炽然。无他，诚有所召之也。今之新侯祠也，夫亦其人哉，夫亦其人哉！

万历乙卯岁春仲之吉

钦差督理三山工部营缮清吏司郎中徐帅恒、黄丁郊

钦差督理三山等处内官监管理太监王良

掌厂监工官明用、刘弼、张佐

文思院训使安朝相、刘一元

董工乡耆崔汝安、义官何九

工□蒋斌立石

住持僧如智，徒性德

碑刻说明

明刻。在石窝村原石厂官厅前。拓片长 168 厘米。碑额篆书"重修汉前将军关侯庙碑之记"。

碑文考释

万历乙卯岁，万历四十三年（1615）。

梅之焕（1575—1641），字松文，名长公，别号信天。湖广麻城人。梅之

焕自幼好读，善骑射，能诗能文，文武双全。万历三十二年（1604）中进士，后官至甘肃巡抚，多次击退进犯之敌。谪居家乡麻城时，时值清人入关南下，他会同他人营建蕲黄四十八寨，以抗清军。梅之焕与同邑李长庚、刘钟英相唱和，是"公安派"的重要作家，时称"西陵三老"。有《中丞遗文》《中丞遗诗》等。《麻城县志》（康熙九年版）载："沈家庄在县东十里，为梅中丞长公宅，前临桃林河，崇祯季以御寇为筑为堡。梅之焕故里今遗迹犹存。"

张肇林，字茂卿，别号元著，明松江上海（今上海市）人，进士。初授万安（今江西省万安县）知县，万历四十三年（1615）改授房山知县，任职两年入朝任司李，离开房山县时，两袖清风，图书之外别无长物。崇祯十七年（1644）六月，张肇林升任通政司使左参议，明亡回到上海的豫园闲居，以此终老。

"房山令杨君"，考民国十七年（1928）《房山县志》卷四"职官"，为房山知县杨昆祚，江西泰和举人。"郡水部李公督石其地"，考康熙元年（1662）《关圣帝庙除豁碑记》"原任三山部使者李公讳养质，同前令尹张公讳肇林者各捐俸置地玖拾余亩，以为帝君香火永久计"，那么，李公即三山部使李养质。

关帝庙，在石窝村原大石厂官厅前，正德十三年（1518）内官监太监郑玺所创，原名关王庙，嘉靖三十五年（1556）内官监太监杜泰立碑。

碑文议论繁冗，本该记述的重修关帝庙事却简而疏漏，甚至连重修者完整的名字和重修时间都没有留下。文中只说"郡水部李公督石其地，费省功倍。房山令杨君以廉能佐之，相与捐俸置学田，复于侯之祠落成焉，一不以烦民"，由此推测，石窝关帝庙是在李公和杨君捐俸置学田之时，考民国十七年（1938）《房山学田碑记》，所属年代为"万历甲寅仲春"，即万历四十二年（1614）。那么，万历四十二年（1614），工部负责督理采石的三山部使李养质，和房山知县杨昆祚，捐俸重修关庙，万历四十三年（1615）关庙竣工。其间，神宗皇帝加封关公为"三界伏魔大帝神威远震天尊关圣帝君"，故由关王庙以为关帝庙。此时，杨昆祚已经离任，张肇林继任房山知县。据康熙元年（1662）《关圣帝庙除豁碑记》，关帝庙落成后，李养质和张肇林捐俸置香火地九十余亩。

此碑末留下了当年明代督石官员的名字：钦差督理三山工部营缮清吏司

11

郎中徐帅恒、黄丁郊，钦差督理三山等处内官监管理太监王良，掌厂监工官明用、刘弼、张佐，文思院训使安朝相、刘一元，董工乡耆崔汝安、义官何九。

万历二十五年（1597），太和殿、中和殿、保和殿发生火灾。明王朝财力匮乏，万历四十三年（1615）才开始兴建，直到天启七年（1627）才完工。万历四十二年（1614）、万历四十三年（1615），工部和内官监太监到大石窝石厂督理石工，即是为万历四十三年（1615）兴建三大殿殿工。

此次殿工，前后有两任房山知县配合督石官员参与大石窝采石，万历四十二年1614）为杨昆祚，江西泰和举人出身；万历四十三年（1615）为张肇林，松江府上海进士。

○○六　关圣帝庙除豁碑记

房邑治内南五十里许地名石窝，为钦差工部营缮司开采石料之署，随建关帝殿永镇垒，多历年所矣。关帝忠义远充，神遍方州。乃尸祝于石窝，当即以石窝显，然而荆茅薙剪，布置未周，殊蒙黼座衲衣，冒鸠鹄之形，鼠泣空庭，古刹等苍苔之色，一二僧狂伴折脚，铛曝檐下，懵懂如冻雀，其何能妥帝灵而光庙貌乎？于是原任三山部使者李公讳养质，同前令尹张公讳肇林者各捐俸置地玖拾余亩，以为帝君香火永久计。无何，年深地瘠，赋重差烦，前僧之负累逃者实繁有徒。有钦差督理三山内官监太监赵公讳升、暨里总张问智、乡耆梅茂雪等敦请戒僧瀣寿者矢愿苦修，渐次培葺，传至伊孙清规，恪守衣钵，传敬奉圣像，俾里中士女咸得沐神麻，而藉以安堵，皆住持清规之力也。

辛丑冬仲特奉俞旨掣去本部开采，冬官而以一应衙舍石料事宜悉归县辖，某即奉檄亲履其地查核工料，因见瞻礼圣容，乃住僧清规，历陈创建置地之由，冀欲豁免杂差，以成前人捐俸嫩举。某虽不敏，夙仰帝君正直聪明，为天下万世宗主，重帝君因而生奉侍帝君者，敢不竭力图所以豁免，为香火不朽计哉？因命勒石以识之住持僧，清规曰唯唯。是为记。

时康熙元年（房山之印）伍月文林郎知房山县事古越宋宾王薰沐拜撰

邑庠廪生赵嘉胤、张同春书篆

里总田伯举、邢镜

总书陈思舜、李联芳

乡耆高春才、程为鹏

碑刻说明

清刻。在石窝村关帝庙。

碑文考释

辛丑，清顺治十八年（1661）。

明末，关帝庙景况凄惨，由于"年深地瘠，赋重差烦"住庙僧不堪重负，离庙而去。清廷定鼎，钦差督理三山内官监太监赵升、里总张问智、乡耆梅茂雪等敦请戒僧瀄寿矢愿苦修，逐年修缮庙宇，传到徒孙清规，恪守衣钵，关帝庙恢复元气。

清顺治十八年（1661），房山县知县宋宾王，奉工部公文，管理大石窝采石事宜，来到关帝庙，住持僧清规请求豁免杂差，宋宾王当即应允。翌年，清规奉宋知县命立碑为记。

此碑真实反映了明末关帝庙的窘境，庙宇破败，不堪重赋烦差，寺僧被逼无奈，竟至背庙而逃。

另，清顺治十八年（1661）大工，朝廷同意工部的请求，不再由工部主持大石窝工地开采，一应事务，交给房山县地方全权负责，这显然改变了元明以来由朝廷派员督工的惯例。

考清史，清顺治十八年（1661）大工是营建昌瑞山顺治帝孝陵。

顺治十八年（1661年）正月初七，清世宗爱新觉罗·福临逝于禁宫，时年24岁，遗诏传位于第三子玄烨，即康熙帝。福临驾崩后，清廷为他紧急营陵，到康熙三年（1664年）十一月十九日，主体工程告竣。

其间历两任房山知县。从顺治十八年（1661）至康熙二年（1663），房山知县宋宾王任满。康熙三年（1664），佟有年继任房山知县。前后两任房山知县参与了孝陵工程，到大石窝督采石料。

○○七 重修关帝庙碑

盖闻神威赫奕，千秋肃毖祀之瞻。庙貌巍峨，百代仰鸿祠之重。今大石窝村有关帝庙一座，不知昉于何时，几历年所矣。苏成等因躬膺简命采石是方，往来于斯，举足瞻望，栋楹颓敝，法像尘封。而且四顾寥廓，并无门垣禅舍，徒供樵夫牧竖之憩息、稚子顽童之嬉游。扫除无人，林棘满目。致使神明驻足之地，一如蔓草荒烟之区。在神固无怨恫之心，于人难免亵越之意。徘徊熟视，情实怆然。是以立愿复兴，虔心起造。重整殿宇，再塑法身。修筑墙壁，创建山门。鸠工庀材，不劳乡邑之力。兴工营缮，罔破居民之囊。虽绵力薄微，初无雄观之壮丽，而荒凉顿易，觉淑气之盘旋。又于大殿西侧筑房贰间，募人居守，以当焚修之任。施地数亩，永为香火之资。独是观瞻，虽新于一时，而巩固难必于百世。自是缮修，弗替俾享祀之常昭，葺补频加，使香烟之永继。惟赖是邑之善信相与留意于将来，爰竖碣于殿前，用昭垂于悠久。谨记。

时乾隆十一年十月穀旦

工部员外郎苏成、主事僧保、委署主事武尔泰、笔帖式嵩山、笔帖式爱隆阿、郎中瑚慎泰同敬立

碑刻说明

清刻。在石窝村关帝庙。拓片通高 150 厘米，宽 69 厘米。原碑无题，现题为自拟。

碑文考释

自从顺治十八年（1661）豁免杂差，至乾隆十一年（1746），历时 85 年，关帝庙年久失修，倾圮殆尽，"栋楹颓敝，法像尘封。而且四顾寥廓，并无门垣禅舍，徒供樵夫牧竖之憩息、稚子顽童之嬉游。扫除无人，林棘满目"。工部员外郎苏成奉命到大石窝采石，见到此番情景，重整殿宇，再塑法身，

修筑墙壁，创建山门，关帝庙得以修复。在大殿西侧建房二间，供僧道住持守庙，又施香火地数亩，以为香火之资。"不劳乡邑之力"，"罔破居民之囊"，完全是苏成及僧保、武尔泰、嵩山、爱隆阿、瑚慎泰等工部采石官员出资，建设者当是采石工匠役人。

考清史，乾隆帝裕陵始建于乾隆八年（1743），乾隆十七年（1752）告竣，历时九年，耗银二百零三万两。乾隆十一年（1746）工部员外郎苏成等奉命到大石窝采石，正为营裕陵陵工。《重修关帝庙碑》留下工部员外郎苏成、主事僧保、委署主事武尔泰、笔帖式嵩山、笔帖式爱隆阿、郎中瑚慎泰等督石官员的名字，为研究大石窝镇汉白玉开采留下珍贵史料。

○○八　新建真武庙记

大石一窝，盖天造地设，以供国家万年磐石之用，其来亦邈矣。内有厂，所以宰此窝也。厂外有店曰西店，夫店以西名，在厂垣以西取义也。去店西北隅仅数十步许，有旷野一区，逼近厂傍，枕重岩，围漱玉，蔓无舍宇，即有行龙走脉，觉不慎密而疑其可泄。钦差提督太监傅公讳钦、王公讳宠者，忽焉兴衷，召集善信杜万良等，发心募缘，于万历八年间创建玄天大帝庙一所。夫北属水，于色黑。以此地建此庙，帝身四将，殿堂正门，至于焕然聿新者。则虽先老公举行之力，而今又钦差太监傅公及马公讳朝、刘公讳吉、陈公讳寿，监工官邢用、崔让、焦广、王进者捐俸之功亦居多也。迄今生灵集吉，众庶咸亨。虽帝冥冥之祐，而钦差提督诸公及杜万良等为善降祥之效亦彰彰矣。于是勒此碣表声之，亦欲不朽云。

万历二十年岁次壬辰吉旦立

吏部听选官洪雨撰书，镌字刘自□

碑刻说明

明刻。在原大石厂官厅西的西店。碑额篆书"新建真武庙记"。

碑文考释

真武庙供奉真武大帝，又称玄天上帝、玄武大帝、佑圣真君玄天上帝、荡魔天尊、九天荡魔祖师、无量祖师，全称真武荡魔大帝，是中国神话传说中的北方之神，为道教神仙中赫赫有名的玉京尊神，道经中称他为"镇天真武灵应佑圣帝君"，简称真武帝君。民间称荡魔天尊、报恩祖师、披发祖师。明朝时期，应明成祖朱棣政治需要而加封号，在全国影响极大。据传真武大帝是盘古之子，于玉帝退位后任第三任天帝，生有炎黄二帝，曾降世为伏羲，为龙身。

道经上说：真武大帝是太上老君的化身，托生于大罗境上无欲天宫之净乐国，乃国王之子。真武大帝的形象非常威武，其身长百尺，披散着头发，金锁甲胄，脚下踏着五色灵龟，按剑而立，眼如电光，身边侍立着龟蛇二将及记录三界功过善恶的金童玉女。

据碑文记："大石一窝，盖天造地设，以供国家万年磐石之用，其来亦邈矣。内有厂，所以宰此窝也。厂外有店曰西店，夫店以西名，在厂垣以西取义也。"大石窝石厂，建于明永乐，是主管大石窝开采点采石事务的机构。石厂外有一座行脚店，叫西店，因为在石厂西墙外，所以叫西店。由这段记载可知，在明代晚期的万历二十年（1592），石窝村尚未出现，除了明初设置的采石机构大石厂，就是厂西边的一个行脚店，另一个行脚店在大石厂东侧，叫东店，只是碑文没有记载罢了。此碑为考证石窝村的形成提供了珍贵史料。

此碑题为《新建真武庙记》，记载了石窝村真武庙创建经过，真武庙创建于万历八年（1580），为钦差提督太监傅钦、王宠，召集善信杜万良等创建。到万历二十年（1592），钦差太监傅钦、马朝、刘吉、陈寿，监工官邢用、崔让、焦广、王进又捐俸重修，立碑于真武庙，追述创庙经过，并众太监捐俸重修事。

据此碑可知，万历八年（1580）和万历二十年（1592），钦差太监傅钦等两临大石窝石厂督理采石。

○○九　石窝创井记

伏以施福者神也，而感神者人也。感神者人也，而造福者人之心也。□书曰：福善祸淫。书曰：敬神神在。真武帝神庙宇，石窝西店□三庆□发愿，重修一新，后应感人，复□□□命于庙前创井，夫本店□□□□□二□□不□□□□。今存善念□□□□□及□也□□□，民皆蒙恩泽润者，故□立石以为□功云。

崇祯贰年岁次己巳榖旦立

善人□三庆等

镌字匠邵恩科

碑刻说明

明刻。在石窝西店北。通高 138 厘米，宽 61 厘米。碑额双勾题"万古流芳"。

碑文考释

碑文记载崇祯二年（1629）重修真武庙，并在庙前创井一眼。

○一○　大石窝西店新建井碑记

涞水县邑庠生员刘子敬撰文

遥觇古牒曰：天一生水，地六成之。夫水之为物，灏渺汪洋，江淮河汉是也。乃知天地间浮游世界，总索篇一大津液焉。矧山泽之通气，非乎自人有庐处，即曰国都郡邑、城市乡关、镇店村落之人，必资水津以生活之，而润泽十气需水尤急焉，则人烟掘井之通利也。今三山大石窝，钟灵毓秀之隩区也。嗣我明兴仅三百祀，鼎建鳌基，凡栋楹柱础，咸用白玉、青砂以成，轮奂大观者，胥于斯地取材焉。则若于西店氓黎门门铺地基、置□、罗所庐

17

者，吞吐津泽利，尤藉于井利者矣。今有香头李大和、吴守义、李勋、张奇、王国泰，管事宁尚臣、庄文美商同义举，醵赀凿石土以开泉流，而于是乎窥水中之有天矣。斯井地也，北拱玄帝庙，后有解山纠纷屹峙天际，南向陵阿蜿蜒纡曲，势如朝宗，东观台柱庭署，西连封墓紫塞，是皆环抱于川流、峨巅之间也。孰不曰井地之胜概有如斯乎！众等相揆盛举，阛店之人群饮焉，润泻焉，而生齿之繁永赖焉。真若饮若泉而知源，酌津液而兴思者，则井之弘济实多也。先有堂侄名玉基者，虔心沐手，造石龙一座，置之井侧，乃相谓曰：建井之由，泽流之远，令余缅怀美迹，当为一时君子善人扬挖文可乎。即谋诸珉石，镌刻井利，以志不朽。是为记。

钦差督理三山内官监太监赵升

钦差督理三山内官监太监胡忠

钦差督理三山内官监太监王宦

钦差督理三山内官监太监赵路、刘大宾

神□一座三山内官监太监王宦喜舍

时崇祯三年冬十一月廿日立石

本店住人书丹

镌字人张奇、刘丕基、董世明镌

碑刻说明

明刻。通高204厘米，宽74厘米。此碑附民国《食此井水附近民保留古槐记》。

碑文考释

此碑立于崇祯三年（1630）十一月，记载香头李大和、吴守义、李勋、张奇、王国泰，管事宁尚臣、庄文美捐资，在石窝西店北的真武庙前打井一眼。与崇祯二年（1629）《石窝创井记》记载所打之井均在真武庙前，故两碑所记应是一事。井应成于崇祯二年（1629），当年立碑略述重修真武庙和庙前创井事，翌年再立碑详载创井事。

碑文后边，记载了钦差督理三山内官监太监赵升、胡忠、王宦、赵路、刘大宾，三山内官监太监王宦喜的名字，这说明，直到明末的崇祯年间，明王朝在大石窝采石仍未停止。

食此井水附近民保留古槐记

兹于民国三十年四月间，本村公会接到某军来函催索木柴数万，勒限日交齐，乡长、副等实难推诿，无法维持，想伐此老树，□补交军需。此时，食此井水附近民众起义，愿由各家担负木柴若干补交。一为保存古槐，二恐破此处祥瑞，三在此汲水以遮日晒。实恐别街民众不明真相，镌状碑文，永留纪念。

经理人□俊□，撰文人王振清，书丹人宋启

中华民国三十年四月十五日穀旦，立□人王凤林

碑刻说明

此文镌于崇祯三年（1630）十一月《大石窝西店新建井碑记》碑左空白处，距立碑311年之久。

碑文考释

民国三十年（1941），正值抗战时期，当年四月，"某军"向石窝村强征木柴数万斤，期限已到，乡长、乡副被逼无奈，想伐掉真武庙前井边的老槐树交办，此槐应为明崇祯二年（1629）年创井时所植，历清至民国，生长312年之久。吃此井水的村民得知，阻止伐树，情愿各家分担木柴上交，老槐树得以保留。

〇一一　重修观音碑记

省祭官浙江宁波府慈溪县人洪雨撰文

乡德高禄书丹

夫以观世音菩萨长居浦陀山，能救济一切众生，故菩萨以天地为房屋，日月为眼目，以五须弥为宝髻，以四大海为口门，以森罗为万象，为垂身缨络，放一毫，头上现宝王刹。又曰：观世音者人人有之，若人观其自在既是菩萨。是以天下殿宇圣像，处处有之，家家供养。若今大石窝铁匠营，古有观音堂一座，久而颓坏，不堪观礼。万历戊寅九月内，有钦差提督大石窝内官监太监乔应乾、辛通、傅钦、王宠，掌厂善人赵用、刘朝、蒋保、刘朋、屈大朝等，发心重修。富者施以财，贫者用其力，不期而殿堂圣像金碧辉煌，焕然一新。足见观世音之灵感，知善众等之诚心。刻石以记之。

万历庚辰岁仲春月吉旦立

曲阳县杨进孝镌

碑刻说明

明刻。在石窝村铁匠营。拓片通高 124 厘米，宽 63 厘米。

碑文考释

此庙多创于明初。戊寅，万历六年（1578）。庚辰，万历八年（1580）。

碑文记载，万历六年（1578）九月，钦差提督大石窝内官监太监乔应乾、辛通、傅钦、王宠，掌厂善人赵用、刘朝、蒋保、刘朋、屈大朝等，发心重修观音堂。

其中，傅钦、王宠等于万历八年（1580）在石窝西店北创建真武庙。万历二十年（1592）《新建真武庙记》："钦差提督太监傅公讳钦、王公讳宠者，忽焉兴衷，召集善信杜万良等，发心募缘，于万历八年间创建玄天大帝庙一所。"

傅钦、王宠等太监自万历六年（1578）至万历八年（1578）连续三年到大石窝督石，明廷当有大工兴建。

碑阴

京都工部厂大石窝铁匠营居住善人等：蒋保、刘朋、屈大朝、杨进孝、王斌、高朝用、赵佩、刘自安、王儒、梁升、尹廷玺、赵尚义、秦孝、马万金、尚宗智、赵奉、赵宗、赵谦、丁敖、王舛、吴德山、蒋大用、尹科、刘还、杨大经、尚宗义、尚朝宣、赵奎、赵环、尚宗仁、高尚忠、张玺、李相、李宗代、陈运、赵良臣、屈大用，信女高氏金荣、方氏金喜、王氏进金、王氏金惠、刘氏叔贞

本厂官厅善人：王自富、刘明、刘大仓、刘栾、刘甫、王自付、吴万仓、吴万良、朱仓、梁氏善聪、刘氏金栾、王孟勋、傅忠、陈仲登、张仲臣、韩堂、屈江、李自秀、杜万良、王朝忠、李自然、王朝阳、李州、刘景和、刘山、王守仁、侯廷恩、陈仲魁、王大才、安成、张廷时、赵仓、李政、李用、张九成、山朝阳、刘元、李保、李自□、王孟栋、李进义、辛大金、庄周、陈仲儒、秦朝用、杜万金、王一贤、常承恩、周希贤、吴泽、梁计宗、谷浩、杜万仓

石窝店：李宗禹、张三善、庄林、庄自安、董世禄、张文、李隆、张友、刘坦、刘禄、朱绍先、陈怀玉

高家庄：高方金、高自然、高万仓、高万镒、高自安、高虎、高现、高应时、高儒

新庄村：崔谦、崔让、崔相、崔隆、罗仓、苗□、李万金、崔文友

纸房村：梅敖、孙钦、鲍万良

羊房村：蔺世恩、沈臣、郭□、皮宗和、白章、尚奉、隗朝用、路氏玉金

四座庙：苗仓、郝得明、魏川、王志羔，信女史氏叔秀、周氏妙云、赵氏金奉、赵氏妙强、仝氏玉栾、王氏秀金、张氏金相、林氏金荣

涿州：监生萧汝重、张安、韩河水、赵氏金堂、赵氏王金、张氏善奉、孙氏妙友、孙氏玉金、胡氏、王氏金全、王氏妙善、杨氏叔香

画匠：闫廷喜。木匠：刘大佩、常木匠、彭木匠、李朝贵、屈自伸、丁自然、王和、王□、梁仲安

石经山车户匠头甄成、室人杨氏、弟甄敖姬氏、蒋大朝、李尧、尚大保、尚大安

本厂先任提督太监陶平、陈旺、张谦、田斌，磨碑寺僧何清，住持道人邢来明、刘自宁、胡妙玉、张万仓

碑刻说明

明刻。碑额，双勾篆题"万古流芳"。

碑文考释

文中记载的京都工部厂大石窝铁匠营、"本厂官厅"、石窝店，都在今石窝村，当年尚未形成聚落，捐资善人乃是临时征调的工匠艺人：其中铁匠营42人，本厂官厅53人，石窝店12人。

附近各村：高家庄10人，新庄村8人，纸房村3人，羊房村8人，四座庙12人。高家庄，今大石窝镇高庄村；新庄村，今大石窝镇辛庄村；纸房村，亦属今大石窝镇。四座庙，原为自然村，今属大石窝镇高庄村。

羊房村8人，羊房村，今东秩房、西秩房村，属河北涿州市百尺竿镇。

相邻州县涿州12人。画匠1人，木匠9人。

石经山车户匠头甄成、室人杨氏、弟甄敖姬氏、蒋大朝、李尧、尚大保、尚大安。

"本厂先任提督"应指此前历任大石厂提督，文中记载下太监陶平、陈旺、张谦、田斌四人的名字，为研究采石史留下重要线索。明代采石时有车户，文中留下本地车户的姓名，十分难得。"磨碑寺僧何清，住持道人邢来明、刘自宁、胡妙玉、张万仓"为研究大石窝镇的宗教史留下重要线索。

〇一二　重修观音殿碑

房山县大碑窝村西店南偏旧有观音殿，自乾隆五十三年重修，迄今四十余稔矣，垣墉榱栋，日就倾颓。乡之人将谋从新而有志未逮，会龙泉峪监作马公暨监修侯公、索公、德公以督石过其地，佥有兴葺之愿，商人王毓美等亦乐从焉。蠲赀购材，率作兴事。经始于道光甲午仲秋，两阅月工竣。宏旧规而丕新之矣。司事者欲弗忘檀施之所自，又虑岁月之无考，复砻石以记之。尝观今天下奉佛者众矣，或举其号，多不习闻。独于大士，虽妇人孺子，莫不知稽首虔事者，以其慈悲耳。夫慈则拯救苦难，使登于极乐，此固菩萨之所以为心。而悲者何也？得毋悯世人嗜欲攻取，非无善念之萌，乃乍明旋昧，卒至苦难相寻而不可拯救，其悲也宜哉。虽然，妙法无他，当前即是。苟能求之以菩萨之心为心，则慈之感人至矣，夫何悲之有！

时大清道光十五年岁次乙未六月榖旦建石

碑刻说明

清刻。在石窝村西店南之铁匠营。此碑通高 160 厘米，宽 59 厘米，碑额正书"重修观音殿"。

碑文考释

道光甲午，即道光十四年（1834）。

观音殿自明万历六年（1578）重修，据此碑，乾隆五十三年（1789）再修，四十余年后，"垣墉榱栋，日就倾颓"，龙泉峪监作马某，监修侯某、索某、德某到大石窝督采汉白玉，发愿重修，道光十四年（1834）八月兴工，历时两个月，十月告竣。

龙泉峪，为道光帝陵所在。道光帝陵初建于绕斗峪，后改为宝华峪，因地宫浸水而废弃，别择于西陵龙泉峪。当年负责营陵工程的即有监作马某，监修侯某、索某、德某等。

考清史，慕陵建于道光十二年（1832），道光十六年（1836）竣工。道光十五年（1835）是慕陵营建的第四个年头，一年后慕陵落成。当时，陵工正紧，负责营陵工程的监作马某，监修侯某、索某、德某到房山大石窝督石，即是为确保陵工进度。

○一三　南大庙创建碑

钦差密云道兵备副使李养质

文林郎知房山县事杨昆祚、典史李联芳

大石窝提督内官监太监王国宁、李进忠、王敬、李进喜、张亮

乐助里人：高自然、何定、李宗禹、张三善、刘其、高自新、崔汝安、朱才、高尚忠、高云程、秦世宁、邢光亮、高尚诚、张三庆、陈居敬、高万库、许登仕、蔡进孝、高进朝、邢克忠、李朝宫、李朝海、高进用、张志魁、邢光登、康泰、孙应科、田堂、杜万良、许培、高允质、马福、吕万才、何其思

计开：

修建围殿一座，钟鼓楼二座，耳房二间，山门二道。置香火地三段，一顷零七亩，又提督张公旧买一段一十八亩。

置备锡香炉、花瓶、烛台、蜡筒、香筒一□。

高桌十张，木椅十张。

万历四十二年二月日记

碑刻说明

明刻。此碑立于石窝村，拓片通高 202 厘米，宽 87 厘米。碑额篆书"万古流芳"。

碑文考释

此碑为南大庙创建碑，原无碑题，碑题自拟。

据此碑，石窝村南大庙创建于明末的万历四十二年（1614）二月。创建者为钦差密云道兵备副使李养质，房山县事杨昆祚、曲史李联芳，大石窝提督内官监太监王国宁、李进忠、王敬、李进喜、张亮等，石窝等村高自然、何定、李宗禹、张三善等 35 人施助。

创建之初计建修建围殿一座，钟鼓楼二座，耳房二间，山门二道。置香火地三段，一顷零七亩，提督张公旧置香火地一段一十八亩。置办高桌十张，木椅十张。

据万历四十三年（1615）《重修汉前将军关侯庙碑之记》，万历四十二年（1614），李养质、杨昆祚等动工兴修关帝庙。翌年竣工。

万历四十三年（1615）重建太和殿、中和殿、保和殿，碑刻资料显示，

万历四十二年（1614）、四十三年（1615），均有官员和太监到大石窝督石。为首的便是密云道兵备副使李养质，地方官员则是房山知县杨昆祚。两年的督石官员和太监的名单如下：

万历四十二年（1614）：钦差密云道兵备副使李养质，大石窝提督内官监太监王国宁、李进忠、王敬、李进喜、张亮，文林郎知房山县事杨昆祚、典史李联芳。

万历四十三年（1615）：钦差密云道兵备副使李养质，钦差督理三山工部营缮清吏司郎中徐帅恒、黄丁郊，钦差督理三山等处内官监管理太监王良，掌石监工官明用、刘弼、张佐，文思院训使安朝相、刘一元，文林郎知房山县事张肇林、典史李联芳。

○一四　南大庙碑

乾隆九年建北正房三间，乾隆十三年信士梅三台施舍地三亩永远香火，乾隆十五年建东西禅堂共计十二间。

乾隆贰年九月吉旦立

碑刻说明
清刻。在石窝村南大庙。通高204厘米，宽69厘米。碑额正书"规德可法"。

碑文考释
南大庙始建于明万历四十二年（1614），清乾隆九年（1744）建正殿三间，乾隆十五年（1750）建东西禅堂十二间，应该是东西各六间。其间的乾隆十三年（1748）信士梅三台施舍香火地三亩。

立碑时间为乾隆二年（1737）九月，可见立碑在先，碑文记事，分别在立碑后的第7年、第11年和第13年。这种现象，在古碑中极为特殊。

○一五　南大庙香火地碑

村东香火地一段五十亩，东至本庙，南至道，西至村，北至官塘；又一段五十亩，西至本庙，东至张，北至张，南至地隔。

村西南计地一段六亩，东至单，北至道，西至顾，南至单。

隆阳宫地又一段十八亩，东至坡，北至庙，西至沟，南至地隔。

村东北计地一段八亩，东至吴，西至田，南至张，北至官塘。

村东南地又一段十二亩，西至道，北至单，南至张，东至任。

村西北计地一段四亩，东至唐，北至坡，西至坡，南至唐。

村东南计地一段十亩，东至丁，北至道，西至王，南至地隔。

高家坟计地一段八亩，东至高，北至高，西至高，南至高。

两庙对换地亩

隆阳宫地二十余亩

乾隆二十六年岁次辛巳八月吉旦

碑刻说明

清刻。在石窝村南大庙。拓片通高 159 厘米，宽 69 厘米。碑额正书"永垂不朽"。

碑文考释

据此碑，至清乾隆二十六年（1761），南大庙共有香火地九段，分布在村东、村西南、东北、东南，总计一百六十六亩。可见，在乾隆年间南大庙香火极旺。

○一六　南大庙凿井记

　　盖闻治家之道儒释同乎一体。宜克勤克俭，慎始慎终，尚须冀其人昌物阜，业盛财丰。惟石窝村南大庙之大概规模，似可称赞者也。其本庙建立有年，往事未敢擅举。第闻相传一十八代，其前后殿宇、房间，未可称其光辉华丽，仰荷关圣帝君，获庇药王圣祖灵庥，加之历代住持敬献之幢幡供器，随时之修饰，庄严可胜十方之观瞻。远近地亩、场圃未可称，良田广置甚足以为百年之产业。至于家常日用之需，并内外出入之备俱，各井井有条，历岁皆无紊乱，诚他处之未能较胜者也。

　　自乾隆戊寅岁仲冬月传到第一十九代之住持常德、常孝、常慧、常智、常为等守成以来，无不兢兢业业，不失晓夜之焚修，以保先人之旧制。而独常智者管理家务，所办巨细事宜，尤为竭尽心力，每以守业之常，存创业之志。岁有余蓄，思垂永久。筹之至再，惟作井一眼，可供生计之需，兼应灌溉之备，岂非留示后人之一计乎。随于壬午岁三月十五日，筮吉作井此地。满拟一经兴工，指日即遂心愿。不意创开地面，正值旱白玉石之本山，多用石工之开凿，莫知得水于何时。虽然，益觉工费浩繁，亦必奋勉成其乃事。继于癸未、甲申、乙酉，岁岁续兴工作，开深至六七丈之处，虽见微水，未能宣畅。幸于丙戌岁三月二日，又复兴工，深荷龙神默佑，初七日即得涌泉，片刻水深二丈。通计五载之工，今日方完心志。比即叩祷愿，建神堂于井台之上，使世代朝夕焚香，源源不替。今与勒石垂示后人，请文于余。奈余少读诗书，诚谓如育赤子，不敢谬撰虚文，谨就实事铺陈，以表住持三人之志云耳。

　　所费工饭运脚之需，并增置上地五十亩之价，一并勒于碣后，以垂永久。

　　乾隆三十一年三月日吉旦　金陵林念德撰并书

碑刻说明

清刻。在石窝村南大庙。拓片通高120厘米，宽56厘米。碑额双勾题"永垂千古"。

碑文考释

乾隆戊寅，乾隆二十三年（1758）。壬午，乾隆二十七年（1762）。癸未，乾隆二十八年（1763）。甲申，乾隆二十九年（1764）。乙酉，乾隆三十年（1765）。丙戌，乾隆三十一年（1766）。

据碑载，到乾隆二十三年（1758），南大庙传至第十九代，住庙僧人有常德、常孝、常慧、常智、常为等，生活富足，岁有余蓄。为方便生活饮水和园圃灌溉，常智筹划在庙前凿井一眼。乾隆二十七年（1762）三月十五日兴工，原想很快即成井，没想到正挖在汉白玉石上，请来石工开凿，工程进展缓慢，乾隆二十八年（1763）、二十九年（1764）、三十年（1765）一连四年开凿，挖到六七丈深，才渗水少许。乾隆三十一年（1766），三月二日兴工再凿，到三月初七，终于涌出泉水，片刻之间，水深二丈。一眼井前后历时五年，工程之艰难可想而知。

〇一七　三官庙重修记

赐进士出身朝议大夫两浙都转盐运司同知前户部员外郎□□郑洪撰

乡进士出身承德郎山东莱州府通判东吴陈瑛德润篆额并书丹

京畿之西涿州房山县大石窝官厅之上古有三官庙，不知创于何时。乃因正德十年九月内营建宫室，朝廷乃简命内官监太监闫公清，及管工监工太监等官，并兼匠人等来斯开取白玉等石，公于暇日拜谒三官大帝之所，观其殿宇钟楼及山门道室垣墙，已经岁久，倾颓损坏，使神无栖守，民无瞻仰，公等□然。于遂摹（募）各官捐资，命工鸠材琢石，新其殿宇。起其钟楼，盖其山门，益其道室，广其垣墙。暨石碑、香炉、花瓶、烛台、供器焕然一新。

今已工完告成，使神有所安，格于享祀。使民有所瞻，崇于香火。上祝皇图永固，圣寿无疆，万民乐业，四海雍熙，俾主斯庙者奉于悠久，岂不美且盛哉？由是刻石为记，用垂不朽。

督工管理太监闫清

管工太监等官郑玺、王栾、赵宣、丁英、王奉

司房办理文书官马广、张阳

监工太监等官张恭、昝文鉴、张纪、张俊、刘聪、徐斌、张本忠、崔住

经理人温裕亭、李仲、高汉章

大明正德十五年岁次丙孟冬吉日立石

碑刻说明

明刻。在石窝村南街天仙庙，拓片通高157厘米，宽76厘米。碑双勾题"大明正德"。

碑文考释

正德十五年（1520）为庚辰年，丙戌年为嘉靖五年（1526），干支出错，应是此碑重刊所至。碑首左右及碑下左侧，附刻民国十八年（1929）《黄龙山车道纪念碑》，疑为民国刻碑时，将原碑文重刊，至干支误谬。

碑文中的大石窝不是村名，是石厂的名称，大石窝官厅，即大石窝石厂官厅，设于正德十三年（1518）。

此碑是重修三官庙碑，按碑记此庙在"大石窝官厅之上"，也就是在官厅内，能容得下一座古庙，足见官厅范围之大。又称"古有三官庙，不知创于何时"，说明当年庙中已经没有记载，也没有人说得清创建年代。依情形推断，此庙应创于明初。石窝村寺庙均创自明清两代，而三官庙是最早的一座，堪称石窝村第一庙。

三官庙，供奉三官大帝，是道教尊奉的三位天神，即天官、地官和水官。

此碑记载了明正德十年（1515）九月的一次重修。当年营建宫殿，朝廷命内官监太监闫清、管工监工太监等官，及匠人来大石窝"开取白玉等石"，

闫清在闲暇时，拜谒三官庙，见殿宇、钟楼及山门道室、垣墙，岁久倾颓，于是遂摹各官捐资，重建钟楼、山门，增建殿宇，又把庙墙向外扩展，添置了香炉、花瓶、烛台、供器，并立碑为记。

当年捐资重修的太监除督工管理太监闫清，还有管工监工太监等官郑玺、王栾、赵宣、丁英、王奉，司房办理文书官马广、张阳，监工太监等官张恭、昝文鉴、张纪、张俊、刘聪、徐斌、张本忠、崔住等16名太监。这些均为监管石工的太监，碑文记录下明正德十年（1515）营建宫殿，到大石窝采石的一段史实，为研究汉白玉开采史留下珍贵史料。

直到正德十年（1515）仍称汉白玉为"白玉"，足见早年没有"汉白玉"名称。有人说汉白玉开采于汉代，所以叫汉白玉，这是一个捕风捉影的解释。

黄龙山车道纪念碑

河北省房山县石窝镇村西北，古来国家所留。石窝公会三山，名曰玉子沟，山道皆通，内有最大之车道咽喉，被吾村□□□□□将该道毁坏，断绝交通。想吾村之民众，完全指在此山生活，所有之山坡石地，不足吾村一月之用。蒙中国国民党房山县第三直属区分部执行委员杜铁岩，热心组织石业工会，后经会员提议，断绝交通一案，全体会员决议呈请第三直属区分部解决，又经该会通过，照常通行以外之□坡，一概禁止。间□□防交通有碍，如有不遵，经本会察出，送官究办。为序。

党部委员杜九峰

执行委员刘永年、梅公

监察委员刘瑞

干事员李志、李树、张德禄

第一组长刘明

第二组长周旺

第三组长李和

第四组长李香

第一组刘树凯、刘永喜、刘凤才、刘海、赵凤云、李洪武、周兴、赵

德海、温如□、邢祖旺、刘永荣、赵德山、梅让、梅和、张月、张惠庆、□□□、李林、刘永顺、刘福、刘永春、张德禄

第二组梅义、陈哲、贾玉祥、高福奎、刘玉、丁玉森、徐青、王殿海、张国旺、高福亨、刘香、刘永福、李鸿让、张永山、高福才、刘永长、张国唤、李茂林、张安、高福贵、刘进才

第三组刘让、李鸿叶、姜兴、梅海、崔福、李桂、唐瑞、李鸿春、续和、刘奎、王恺、周宽、刘永安、高福广、石克公、王兴福、刘永兴、李□、丁玉才

第四组续顺、刘宏年、刘瑞、王德山、刘尚俭、刘永禄、梅公、韩焕□、刘永才、续□程、刘永□、刘永□、周海、李德瑞、王凤林、王凤瑞、刘□□、李茂荫、徐宽、韩映章、唐文

石窝镇杜铁岩书丹

房山县后石门王惠庚撰文

中华民国十八年阴历七月十一日毂旦

房山县石窝镇石业工会、合村公会合立

碑刻说明

此碑文附在明正德十五年（1520）《三官庙重修记》碑首和碑左空白处，镌于民国十八年（1929），距明正德立碑时，相去 409 年。

碑文考释

碑文记载：民国年间，石窝村民某人将村民赖以进山采石的通道破坏，断了村民生计，国民党房山县第三直属区分部执行委员杜铁岩，组织石业工会，经全体会员决议，将断绝交通一案，呈请第三直属区分部解决，恢复交通。又经该石业工会通过，禁止私挖乱采，妨碍交通，如有不遵，由石业工会察出送官。碑文记录下一起由采石引发的纠纷，留下了国民党房山县第三直属区分部和组织成员名单，为研究民国房山县史提供了可贵的史料。

○一八　重修庙记

大石窝厂内东店，原有神庙一座，日久坍塌。钦奉提督（中间文字漫漶）工程内官监太监张亮、甄奉（中间文字漫漶）□明用（中间文字漫漶）陈仲魁、常承恩、王一桐、王自付、李仲佐、刘□□、陶金、张廷宝、秦世宁、康世禄、王天禄、冯应龙、张□□、□□□、□自□、庄□□、秦世□、褚承□、韩成、屈廷、李永□、韩□、□□□、□□□、□□□、朱□□、张□□、李□□□。

万历岁次壬寅年三月十五日信士善人刘□□、男□真喜立 石匠丁自然、李藉镌

碑刻说明

明刻。在石窝村南街天仙庙，拓片通高 70 厘米，宽 40 厘米。

碑文考释

壬寅岁，万历三十年（1602）。

大石窝石厂内之庙为三官庙，明正德十年（1515）九月内官监太监闫清重修，历时 87 年，万历三十五年（1602）内官监太监张亮等再次重修。

○一九　功德碑

盖闻为善降祥，此理有固然者也。莫为之前虽美弗彰，莫为之后虽盛弗传。古人所云而禁于兹有感焉。自康熙十年间韩文孝、韩文贤，因众善信卜地建庙，感发善心，舍地贰亩为碧霞元君行宫之所，数年而庙成。其后庄严虽云壮丽，烟火无以为资。至乾隆十三年间，梅三台、赵邦正、李君茂等忽焉与众相议言曰："有寺无僧终归无寺，有僧无食究至无僧。"于是施银陆两，

买本庙东边地二亩以共资盛，可以既香辅火矣。而在庙者为土田之资仍属有限，则不能安其身。迨我师朗悟来此住持，殷勤检点，开辟土田。周旋竭力，不避艰难。不数十年来，附近制香火地几段几十亩，又有众善所施地亩以增壮式廊，聚徒而处，相与建修迄。今勒石记之。虽我师之创建，而诸乡台为善之功德亦彰彰不朽矣。是为志。

　　郡庠生吴立本沐手撰书

　　住持僧登凤、登杰

　　镌字匠王琛

　　乾隆五十四年岁次己酉八月榖旦

　　碑刻说明

　　清刻。在石窝村碧霞元君行宫遗址。拓片通高 172 厘米，宽 70 厘米。碑额正书"流芳万世"。

　　碑文考释

　　此为碧霞元君行宫纪事碑，据碑文，石窝村碧霞元君行宫创建于康熙十年（1671），众善信创建，韩文孝、韩文贤舍地二亩供建行宫之用。乾隆十三年（1748），梅三台、赵邦正、李君茂等施银六两，置庙东地二亩，为香火之资。此后，朗悟来庙住持，几十年间，殷勤检点，添置香火地几段，数十亩。众善信又施地，增修殿宇。碧霞元君行宫供给丰足，香火旺盛。乾隆五十四年（1789），朗悟弟子登凤、登杰住持该庙，立碑于庙，以志僧俗功德。

〇二〇　重修眼光、天仙、子孙娘娘碑记

　　曰盛矣乎！娘娘子爱之性广，慈幼大遂其生。庶矣哉！蚩蚩寅敬之心。欲事神先修其庙，兹石窝之娘娘庙，乡众善信而修之，而当年无碑，想系愿无伐善，仅有朗悟之徒登凤、登杰于乾隆五十四年勒碑，记其师之勤功并

追述创修之功德。阅碑始知创自康熙十年，原原本本，殚见洽闻，乃叹创建甚为艰，且羡遭逢如有约。始而卜基址合式难求，继而歉香灯无财难备，幸皆遇善乐施，得犹运掌。惟庙至乾隆十三年，历久破漏不修，梁木其坏。率修，菽粟未充。忽遇僧朗悟来住，率徒勤俭，守创相兼，岁修无已。卅余年将庙粲乎，隐隐各得其所。大哉！朗悟之独力也。又遇其徒凤、杰善继，率由十数年，无增无减。嗣传其徒世源，才具平庸，难无耗费，性情定静，尚守清规。迨至道光己丑，所遇住持，不善樽节，乏用典地。廿余年，地剩有限，庙赖何修？吁！自朗悟停修至咸丰己未七十余年，一工未动。久经风雨，渐致倾颓。迄乎同治辛未，连年大雨滂沱，庙塌将尽，需修孔亟，姤遇终疏，工师往来，黍离慨叹。孰意否极泰来，天工人代，十二年秋，适值东陵奉旨兴工派商七家木厂，内有广丰厂董廷广，乐善不倦者也，向与石窝泰衡局交易，知衡忠诚，石料托其代采兼运，衡老惟恐误事，命徒李浩然、温如玉相助办理甚妥。十三年腊月朔，廷广亲来验料，下车惊闻穆宗毅皇帝龙驭上宾，急宜创建吉地，廷广承办有分。即眼同如玉验料讫，见庙甚破，善心一动，遂问：何不重修？如玉云：遇善敬募。廷广云：我若得新陵工程情愿劝捐。此言默识于心，次晨即回京矣。不料光绪元年春，果得此工。如玉亲往道喜，廷广欣然曰：年前心愿，言犹在耳，理合劳心。你即知会乡众，速具缘簿，以便劝捐。如玉遵办，将缘簿造妥送交。廷广得簿，不一月劝捐纹银一千八百两，并托浩然、如玉代为经理，我不能兼顾。赶紧庀材鸠工，拟于秋初开工。届其经始，自正殿至山门全拆到底，具造旧基式修盖，经之营之，不数月各工告竣，焕然一新。由宫殿而观，殿内齐庄中正，殿外采画辉煌。由山门而观，门内大雅雍容，门外平坦肃静。宫墙亦齐整可观，不啻若观乐而叹观止矣。蔑以加！使非遇廷广输将恐后，劝写当先，何克庙堂美善相兼，妥侑皆以巍巍乎？庙复成，洋洋乎神如在，岂强求哉？亦庙破宜修，与人善愿修，适逢其会耳！此以知兴衰在数，遇合由天也。第有庙无僧则香火谁司？粢盛谁供？以及唪经击磬，一切琐事，须僧奉行，不可无也，廷广虑之矣。商之如玉敦请云居寺西堂大法师景和主持庙事，代赎旧产五十余亩，为香火薪水之资，择吉进庙。广、玉公谒见，其品行端方，讲论皆般若波罗密多之奥旨，听言信行，敬之如师，则劝捐之心始慰，而重修之愿亦赏矣。

斯役也扬显前徽，其功大诒型后，效其德昌，言忠还愿，事敬工固，而其心至诚。廷广以劝捐劳，奚足计议？祇求庙固，其不愧于寸衷。若功德宜在众善捐输者，又在首事辛劳者，何有于我哉？然而书云："汝惟不矜，莫与汝争功。汝惟不伐，莫与汝争能。"兹廷广谦让，不亦莫之与京乎？遇合如此，不过萍水相逢。妙同风云际会，功成名立。侯其祢而宜树丽牲之石，永传遹骏之声。如玉索文，余老髦荒疏，焉能修撰？抑扬善记功，则可谓云尔已矣。於虖！庙貌重熙，仰望鸿慈于保赤，神灵长格，伏祈麟趾以垂青。爰勒贞玟，永垂奕祀。

诰授奉政大夫同知衔前江西万年县知县道光乙酉拔贡己丑八旗汉教习民籍刑肇霈谨记

时年八十四岁，命男景耀暨孙福济沐手代书。

钦赏花翎候选同知山西定襄县例贡生民籍董廷广首领劝捐

住持僧绪春，徒本溪，徒孙觉性

大清光绪四年岁次戊寅六月榖旦立　本村刻字匠赵廷彦敬镌

碑刻说明

清刻。此碑立于石窝村，拓片通高 114 厘米，宽 74 厘米。碑额正书"万古流芳"。

碑文考释

碑记云："朗悟之徒登凤、登杰于乾隆五十四年勒碑，记其师之勤功并追述创修之功德。阅碑始知创自康熙十年。"

记中所指碑，为乾隆五十四年（1789）《功德碑》。据此碑，当年娘娘庙的名字叫"碧霞元君行宫"，庙内供奉的是碧霞元君。光绪元年（1875）重修后，名为娘娘庙，内奉眼光娘娘、天仙娘娘（碧霞元君）、子孙娘娘。

光绪四年（1878）《重修眼光、天仙、子孙娘娘碑记》历述娘娘庙自创建至光绪元年重修之经过，是一件最完整记述一座寺庙沿革的碑记。据此碑：

娘娘庙创建于清康熙十年，考乾隆五十四年（1789）《功德碑》，最初名为碧霞元君行宫，内奉泰山娘娘碧霞元君，后经屡次重修，乾隆十三年

（1748），梅三台、赵邦正、李君茂等施银六两，置庙东地二亩，为香火之资。此后，朗悟来庙住持，几十年间，殷勤检点，添置香火地几段，数十亩。众善信又施地，增修殿宇。碧霞元君行宫供给丰足，香火旺盛。乾隆五十四年（1789），朗悟法弟子登凤、登杰住持该庙，立碑于庙，以志僧俗功德。

登凤、登杰住持十几年，日子还算平稳，没增地亩，也没丧失产业。此后，二人弟子世源住持，此人性情定静，尚守清规，可惜是个平庸之辈，庙业难免流失。到了道光九年（1829），守庙住持不知节俭，二十余年，香火地被陆续典卖，所剩无几。自乾隆年间朗悟重修，到咸丰九年（1859），七十余年，一工未动，久经风雨，渐致倾颓。连年大雨滂沱，到同治十年（1871），庙塌将尽。同治十二年（1873）秋，东陵奉旨兴工，派广丰厂等七家木厂到大石窝承采石料，广丰厂董廷广和石窝温玉衡开办的泰衡局，历来有生意往来，董廷广委托泰衡局采运，温玉衡命徒李浩然、温如玉相助办理，一切妥当。同治十三年（1874）十二月初一，董廷广前来大石窝验料，刚到石窝，传来同治皇帝驾崩的消息，亟须营陵，董廷广是皇家的承包商，承办有分。董廷广由温如玉陪同验完石料，见娘娘庙破败不堪，当即发愿："我若得新陵工程，情愿劝捐修庙。"

光绪元年（1875）春，董廷广如愿以偿，获得新陵承建工程，他践行前言，一月之内，募捐纹银一千八百两，委托李浩然、温如玉代为修庙。当年秋开工，自正殿至山门全拆到底，数月之内竣工，焕然一新。"由宫殿而观，殿内齐庄中正，殿外采画辉煌。由山门而观，门内大雅雍容，门外平坦肃静。宫墙亦齐整可观。"新庙落成，改名娘娘庙，内奉眼光、天仙、子孙娘娘，敦请云居寺西堂大法师景和住持，代赎旧产五十余亩为香火薪水之资。据光绪二年（1876）《创修公输子神祠碑记》，当年冬十月，董廷广又协助温玉衡创建公输子祠，该碑称他为董厚田，厚田或为其号。

《重修眼光、天仙、子孙娘娘碑记》提到"缘簿"，即捐资账本，揭示了旧时修缮庙宇等公益捐资的一个普遍史实，即募捐时，先备好缘簿，由主事人拿着缘簿四处募款，每募一笔即在缘簿上记下捐款人姓名、善款数额，待工程完式立碑，依缘簿次序照录碑阴。

重修娘娘庙正值同治惠陵大工。

光绪元年二月，两太后降旨，在东陵、西陵附近为同治帝选择万年吉地，选双山峪，营惠陵。

惠陵工程以奕譞、魁岭、荣禄、翁同龢为承修大臣，光绪元年（1876）八月正式开工，到光绪四年（1880）九月建成。主要建筑由南往北依次是：五孔桥、望柱、牌楼门、神道碑亭、神厨库、三路三孔券桥、朝房、班房、宫门、焚帛炉、配殿、隆恩殿、陵寝门、石五供、方城、明楼、宝顶，宝顶下是地宫。其妃园寝和保护、管理陵寝的兵部、礼部、内务府营房工程同时竣工。共耗银四百三十五万九千一百一十两八钱九分。全工程仅用了三年零一个月的时间。

以上陵寝建筑所用汉白玉皆取自大石窝石厂，石窝人温玉衡的泰衡局，作为广丰厂代理商，参与石料的开采和运输，惠陵所用汉白玉皆取自大石窝镇。

〇二一　重建三爷殿碑

盖闻诗曰：奕奕寝庙，君子作之。是则庙之设也由来久矣。我石窝村近年来获三爷功勋显著，灵验颇多，偶遇疾病，祷于其前者莫不应求，而霍然是启，我方获益殊深，感戴无极矣。斯时女巫倡言于天仙庙内塑一尊身，表现□壹，□承垂后世，而我村公议咸相欢赞，然工虽不巨，势必众擎可举，非独力所能，于是募化四方，召以义助，不期之间，钱工俱善，而钱有多寡皆如意，工无偏重益遂心。所有监工人员，日用饮食均由自备。群策群力，一气呵成。是以上栋下宇，足以蔽风雨，峻像雕墙，足以肃瞻观。然而，将以结绳而治乎，遵古有所难行；抑以造册而注乎，流传恐亦未久。惟是鸠工刻石，落姓题名，举义施资财并辅助人力车工，永垂不朽，以期无负旌表善人之意也云尔。是以为记。

房山王恩溥撰文

天津周鸿岐书丹

房山周旺篆额

中华民国二十四年四月九日

碑刻说明

民国刻。此碑立于石窝村天仙庙，拓片通高 157 厘米，宽 60 厘米。碑额正书"永垂不朽"。

碑文考释

碑载，民国二十四年（1935），村民根据一位女巫的倡议，在本村天仙庙内增建天爷殿，塑像其中。三爷，即张飞，俗间供奉张飞者不甚普遍，各地罕有三爷庙。

〇二二　修建药王庙碑记

皇上御极之初，乙卯嘉平，予调任房邑，俗俭民朴，耕凿自安，洵可乐也。□系偏□□□□务简易，官斯土者于临民听政之下，犹得退有余闲。自予来之日，易州恭建泰陵，此邑乃经行大道，銮舆驻跸，官盖往来，供应差务，奔走不遑。凡可以怡情适志，称便安者，皆不□□□□。王事鞅掌，恪恭职守而已。一日偶因公事经石窝村之药王庙，见其金碧辉煌，庙貌聿新，而丹楹刻桷，备极崇丽。□□乎如神之式凭，肃冠裳而隆瞻视也。询其由来，始知此庙创建有年，昔多加□□□□整，庇风雨而妥神灵有若是，其美备焉耳。予初居民社之长，二载于兹，家家牧宁，人民乐耳，何□□□神之贶，幸有二三绅士好施乐善，与予同志，身先倡率，以成胜果。而鸠工圮材，井井有条。予既乐其人之善，又喜其功之成，故不揣鄙陋□□修建之由，以见□□□□以鼎新，而始事之盛德芳名，庶与神庙同其永垂也耶。是为记。

时雍正元年菊月文林郎知房山县事中州彭萼采撰

碑刻说明

清刻。在石窝村药王庙遗址。拓片通高 200 厘米，宽 74 厘米。碑额正书"药王碑记"。

碑文考释

药王庙内主殿为药王殿，供奉药王孙思邈。孙思邈，世称孙真人，唐朝京兆华原（今陕西铜川市耀州区）孙家塬人，约生于隋文帝开皇元年（581），卒于唐高宗永淳元年（682），享年 101 岁。也有人根据《旧唐书》《新唐书》等分析认为，孙思邈大约生于东魏孝静帝兴和四年（542），卒于唐高宗永淳元年（682），终年 140 岁左右。后世尊之为药王，成为汉族民间信仰之一。

如是，二进殿的药王庙，第二进正殿则名三皇殿，供奉伏羲、黄帝轩辕氏和炎帝神农氏。

乙卯，雍正十三年（1735），嘉平即腊月，即十二月。碑文中彭萼采自述："乙卯嘉平，予调任房邑。"在乾隆四年（1739）七月，彭萼采所撰《房邑修整文昌祠碑记》中，他亦称："余以乙卯嘉平，自龙门调莅兹土。"可见彭萼采于雍正十三年（1735）十二月，调任房山知县确定无疑。那么，碑文记事所涉时间，立碑时期，与彭萼采到任时间存在矛盾，令人费解。

疑点之一：《修建药王庙碑记》落款置"时雍正元年菊月文林郎知房山县事中州彭萼采撰"令人费解，雍正十三年（1735）十二月才由龙门调知房山县事，怎么可能雍正元年（1723）撰此碑，并署"文林郎知房山县事"官职？

疑点之二：碑文称"易州恭建泰陵，此邑乃经行大道，銮舆驻跸，官盖往来，供应差务，奔走不遑"。显然说的是立碑之前发生的事。考清史，雍正泰陵始营于雍正八年（1730），若碑立于雍正元年（1723），雍正刚刚登基，八年后才营陵，何来"易州恭建泰陵，此邑乃经行大道，銮舆驻跸，官盖往来"。

事实上，雍正皇帝于雍正十三年（1735）八月二十三日崩于圆明园，卒年 58 岁。彭萼采在雍正驾崩后五个月到任，彼时乾隆皇帝刚刚即位，大丧在即，陵工正紧。乾隆二年（1737）三月初二雍正帝葬泰陵，雍正梓宫经由房山县发往西陵。身为房山知县的彭萼采从到任，到雍正大丧前后，"供应差务，奔走不遑"，可想而知。故疑此碑为后世重刻，以至落款时间上出错。如果署为乾隆元年（1736）似为合理。

碑文称"此庙创建有年"，似于彭萼采到任那年即雍正十三年（1735）竣工，到乾隆元年（1736）是第二个年头，所以碑文称："初居民社之长，二载于兹，家家牧宁，人民乐耳。"

○二三　重修碑记

盖闻神威赫赫，千秋慈祥之瞻。庙貌巍巍，百代保障之重。今夫石窝村旧有灵官庙一座，不知创于何时，几历年所矣，庙像倾圮，岁久年湮，迹无所考。基址虽存，而庙貌凋零。于是山西崞邑人王兴国等瞩目惨然，不忍神藏鸡栖。在神固无怨恫之心，于人难克褒越之意。徘徊熟视，情实憺然。所以发心捐赀，兴废举坠，鸠材傃工以成其美。由是庙制聿新，雕其法像、甃砌墙垣以成其旧。则成就完固，斯可使神有所依也，则流芳奕世，斯可于人有所凭也，乃瑗石以垂不朽云。

住持僧登杰，徒世源
山西太原府代郡崞邑王炳沐手撰书
时嘉庆三年柒月穀旦
张尔亨敬刊

碑刻说明

清刻。在石窝村灵官庙。拓片通高 98 厘米，宽 36 厘米。碑额正书"皇清浩荡"。

碑文考释

灵官庙，创建时间不详，应在石窝成村后建，依时间推断，多建于明末清初，嘉庆三年（1798）由山西崞县人王兴国、赵继华等捐资修复。当年仅存基址，殿宇、神像、墙垣都是重新修建的。

碑阴

总理王兴国施币贰千，赵继华施币八千。

石窝胡翠章施钱五千，西隆号施钱五千，郝时荣施钱贰千，新庆局施钱贰千，恒顺号施钱一千，程彩施钱一千，秦佼施钱一千，孙得禄施钱一千，高凤山施钱一千，高尊施钱一千，周天民施钱一千，隗志通施钱一千，邢兆麟施钱瓦一百，永祥号施钱五百，恒盛号施钱五百，周天佑施钱五百。

高廷清、高执礼、高□、万成否、王中和、广顺号、顺源号、鸿泰号、高绅、刘凤德、王天禄、化天申、马秉义、隗芝芳、隗芝兰、隗廷勋、隗志隆、魏兴、高自持、高自秀、高自继、高自营，以施上各施钱五百文。

隗芝秀、周大淇、吕休、卢镛、卢进德，以上各施钱四百文。

李圃棠、隗芝茂、张布铺、高进忠、高廷瑞、魏悦、丁照、高清志、高增、高祥、杨天好、周天叙，以上各施钱三百文。

隗福禄、隗志起、刘兴、□□□、王加栋、扬殿魁、高清洁、高万和、隗芝亮、牛凤仪、高凤臣、王显远、高连升、陈善义，以上各施钱式百。

玺言施砖瓦五百个，住旺施木料四驮。

茂林庄首领冯门赵氏、刘门张氏捐零布施钱七百文。

本村首领肖门李氏、高门赵氏、刘门董氏捐各地零布施钱十千。

北白代村首领赵成章捐零布施钱一千式百文。

北尚洛村首领杨宗美捐零布施钱一千式百文。

木匠杨福施工钱一千式百文、高自贵施工钱一千文。

瓦匠高忠施工钱式千三百文，高必清施工钱一千式百文，高才施工钱一千文，高福施工钱六百文，高孝施工钱六百文，王宝施工钱五百文，坡李二施工钱二百文。

碑文考释

依碑阴记载，本次重修，王兴国、赵继华为发起人、主事人，捐资的主要是石窝村的善信和商号。商号有西隆号、新庆局、恒顺号、永祥号、恒盛号、广顺号、顺源号、鸿泰号八家，村民则有 57 人。石窝村施材的两家，玺言施砖，住旺施木料。

本村首领施钱。邻村"北白代"，今北白岱，属张坊镇；"北尚洛"，今北尚乐，属大石窝镇。两村的首领也捐资相助。而茂林庄则离石窝村较远，在石窝村东偏南，今属河北涿州百尺竿镇，该村首领施钱七百文。捐资相助的，还有参与施工的工匠、瓦匠。

○二四 八郎庙碑

今维房山南西乡有石窝焉。其地笼山络野，方轨并迹，夙为商民辐辏之区。此村不知创于何代，然而石材丰美，特供帝都之采，盖土兼赤壤而白石惟皓皓也。粤自明初永乐以来，开立燕京，润色皇图，一时宫殿台榭之需，坛观沟池之用，皆于是取资焉。降及正、嘉、隆、万、启、祯数朝，以迄我国家定鼎之初，石产之丰，亦于此为最。此官庭之所以设，千夫曳一舆之诗所以纪于石门西崖下也。从此地灵人杰，物阜财丰，广建禅宇，饶集梵林，宏我乡曲，迓此神庥，而八郎庙，尤其卓卓可观者也。庙之创也数百年矣，其间残毁而复修葺者不知几凡，今当风雨摧沉，惟真武、伏羲、二郎、三官、菩提数神宇日即摧颓。用是合集众善，整旧如新，莫不巍巍峨峨，堂堂皇皇。涂墍茨而勒丹腹，修虔礼而肃观瞻也。兹值落成，特志芳名于后，以为乐善好施，敬其明神者之一劝耳。

本邑前石门村举人邢天一撰文

山右代州崞县西社

村续登洲书丹

落成人徐明、王毓清、赵崑、郝明玉

时大清嘉庆十九年桂月

王树本镌

碑刻说明

清刻。在石窝村灵官庙。拓片通高 170 厘米，宽 69 厘米。碑额正书"焕然维新"。

碑文考释

墍（jì），以泥涂屋顶。

碑文记载："庙之创也数百年矣。"自庙之创建，至清嘉庆十九年（1814），以二百年计算为明万历四十二年（1614），以三百年计算为明正德九年（1514）。那么八郎庙创于明代，多创于正德，最晚不会晚于明万历。据碑文，八郎庙自创建后多次重修，嘉庆十九年（1814），真武、伏羲、二郎、三官、菩萨等殿破败，村民动工修缮，整旧如新。

碑文概述明清两代采石状况，留下珍贵史料："自明初永乐以来，开立燕京，润色皇图，一时宫殿台榭之需，坛观沟池之用，皆于是取资焉。降及正、嘉、隆、万、启、祯数朝，以迄我国家定鼎之初，石产之丰，亦于此为最。此官庭之所以设，千夫曳一舆之诗所以纪于石门西崖下也。"

○二五　重修白衣观音堂碑记

尝闻大愿之船本期救苦，众德之海利在济人。妙谛可证，独参最上之乘。真言是敷，用开大千之界，斯诚苦海之慈航，昏衢之巨烛也。况乃变幻万端，出没无迹。衣莫拘也，有时而被□众。神非媪也，有时而携以子。自是灵应周及于天外，法雨广被于寰中，问子祈嗣者跨身而朝南海，遭阴遇厄者捧手而诵观音，菩提之功德诚无量矣。虽然，慈云普阴，神遍无地而不周；甘露常飞，当护有诚而必应。像之设于是何异其在南海也？神之栖于是未尝不观世音也。与其叠水重山，临越海而瞻拜，何若虔心肃气，对般若而抒诚乎？孰意山主张三善创建斯庵，为日已久，有僧玉安，亲见庙宇摧颓，誓愿修饬，奈力不给，念遂中止。今适得徒仙峰，挟资七十余千缮治完葺，庙貌与神像神舍焕然更新。兼有里俗张生庭等广募乡邻，补葺垣墙，俾憩者足生诚敬而肃观瞻焉，斯诚礼神之盛事也，故勒之以志不朽。

本邑举人邢天一撰

山西儒业续登洲书

经理人赵吉人、张芝庭、张芝容、米太初

本庙住持僧人仙峰

石工王树本

嘉庆二十一年季冬月榖旦立

住持僧仙峰自置香火地一段计地四亩，坐落石窝村东南，东至田姓，南至刘姓，西至张姓，北至流地，买价清钱柒拾千文，随代独树里五甲大粮二亩。说合张连宽。道光三年十月二十三日

碑刻说明

清刻。在石窝村。拓片通高 185 厘米，宽 68 厘米。碑额正书"永垂不朽"。

碑文考释

白衣观音堂，山主张三善创建，僧玉安见庙宇摧颓，誓愿修饬，力不从心。嘉庆二十一年（1816），玉安弟子仙峰，出钱七万多修缮，乡民张生庭等广募乡邻，补缮垣墙，庙貌焕然一新。道光三年（1823）十月，仙峰又出钱置买香火地四亩。

此碑嘉庆二十一年（1816）季冬月榖旦立。

道光三年（1823）十月二十三日，白衣观音堂住持僧仙峰在碑的空白处，镌所置香火地四至。

邢天一，本地前石门村人，邢兆麟次子，嘉庆庚申（1800）科举人，丁丑（1817）大挑二等选授大名府元城县教谕。

碑阴

本庙香火地庙对一段三亩，道北一段八亩，东塘口一段十亩，鸽子园一段二十亩。赵连长地一段一亩有余，坐落村西乱石里。

赵明玉施钱八千八百，西顺号施钱六千五百，西隆号施钱六千三百，王国兴施钱六千，富□钱五千，程圣履施钱三千，义德局施钱三千，梅自立施钱三千，赵刘氏施钱三千七百，高玉元施钱三千六百，张文增施钱二千五百，张文有施钱二千五百，米太初施钱二千三百，丁二施钱二千三百，张之廷施钱二千，赵永奇施钱二千，西兴隆施钱二千，刘福兴施钱一千八百，李校荣施钱一千五百，张连宽施钱一千四百。

杜业昌、义兴号、□盛号、张□乐、温大成、温文秀、张文秀，以上各施钱一千。张福亨施钱六百，徐进德施钱八百。

续福元、恒盛号、成衣铺、天成号、陈惠、萧成、王必用、刘富云、贾浩、唐万义、杨大勇、陈福、刘福统、张之□，以上各施钱五百。

张文成、高廷秀、高廷文、杨福、王三、张忠、韩福、刘秉仁、高廷鉴、振亿德，以上各施钱三百。

张文厚、张文儒、张文民、张文正、杨宏伍、张连超、张连德、许开亮、张连蕙、张连□、张连成、任礼、刘大成、张连弼、张连荣、张连□，以上各施钱□百。

碑文考释

据碑阴，八郎庙香火地五段四十二亩，加之碑阳所计四亩，共计香火地四十六亩。

碑阴记下西顺号、西隆号、义德局、西兴隆、义兴号、□盛号、恒盛号、成衣铺、天成号九家商号，及赵明玉等 58 位捐资人姓名款项。

○二六　京都顺天府房山县石窝镇重修火神庙题名碑记

石窝村领袖人：米景顺、赵□正、张流、梅子□、李君茂、张之琳、高尚益、普进义、丁会文、丁效文

石窝村众善人：王三万、丁进禄、张之玶、张之珩、张□云、丁世聪、杨守礼、王士美、陈子义、姚配荣、王言大、李文焕、唐守贵、张助、时进明、高□龙、刘耀宗、张治、王栋、高廷宰、李文兴、柳文忠、王显名、□先德、李秀、冯面铺、李芳、吴自洋、陈效舜、冯□、孙有、崔进宝、杨□信、□见道、□英、温士铎、李有祥、李茂、杨□基、刘常宗、丁世荫、赵可功、高兴元、李存、梅□□、高□□、孙子衍、王之□、唐应光、张之花、张闰山、周兆逵、赵进才、周进□、李国功、刘兴宗、丁世珍、唐瑞、田义高、郭有恒、□□龙、易忠、李光明、苗和、李国义、□文□、赵克明、□宗、唐兴、丁贵宗、邢进才、赵之□、田义明、隗庭元、秦忠汉、胡光□、李文岳、□起才

本店石匠：王显功、唐秀。王家庄善人：许文学。下庄善人：崔邦□

周各庄：刘起泰。毛家营：陈□。下营村：雷兴云、□□、赵良

陈家洼村：卢天云、杨福禄、王树封、李景和、杜士起。纸房：隗兴贵

□□善人：刘德。花元井：王道仁。长沟村：吕绳铺、□□、王弘□

文安县领袖：张二暨领石塘口人等。四座庵：温有仁、唐□玉、□□□

新庄村领袖：彭国正暨领石塘口人等。尚庄：崔□□、刘□石、贾士清

高家庄：丁成业、高天海、高士禄。殷家庄：高九明、刘信□

岩上：张文华、张之瑾、张之璟。上落：□永伯、隗□

半壁店：郭成棠、宋希贤、宗文旬、苑文忠、王起奉、王明

乾隆七年重修火神庙石窝以及远近村庄人等。住持李□

乾隆癸酉年□巳月吉日立

碑刻说明

清刻。在石窝村。拓片通高 135 厘米，宽 62 厘米。碑额正书"题名碑记"。

碑文考释

乾隆癸酉年，乾隆十八年（1753）。

据此碑记载，清乾隆七年（1742），修火神庙，碑文记录下房山县、涿州 15 村投资善众。

房山县 13 村：石窝村，四座庵，半壁店，下营村，岩上，纸房；上落，今南尚乐、北尚乐；高家庄，今高庄村；王家庄，今王家磨。以上 9 村，今属房山区大石窝镇。陈家洼村，又名广禄庄，今属房山区张坊镇。长沟村，周各庄，花元井（今名黄元井），以上 3 村，今属房山区长沟镇。殷家庄，今名殷家铺，为南尚乐村地名。

涿州 2 村：尚庄，今属河北涿州东仙坡镇；毛家营，今属河北涿州豆庄镇。

捐资善众还有文安县人："文安县领袖：张二暨领石塘口人等。"领石塘口人，指大石窝采石工地开采点领头人。一次大工，往往不止一个开采点。所以碑文还记载了"新庄村领袖：彭国正暨领石塘口人等"。这一信息表明，清乾隆七年（1742）修火神庙，正值朝廷兴大工，在大石窝开塘采石，参与采石的不仅有石窝村等本地人，文安县人也被征调参与。

乾隆八年（1743）至乾隆十七年（1752）兴工营乾隆帝裕陵。房山大石窝镇石窝村等及文安县人开塘采口，当属裕陵工程。

○二七　重修火神庙碑记

粤稽上古未有火化，自燧人氏钻木取火，而火之政兴。《礼运》云：炮燔烹炙，以修火利。《周礼》云：四时变火，以救时疾。火之有裨于世者为其巨。然是火也，生于地二，成以天七，而实掌于火正，火正曰祝融，古所祀为贵神者也。惟正是供牲，用拜神之格，思妥以侑，画雕栋甍，所申崇而神灵显耳。

房邑西南乡大石窝旧有火神祠，创自明初，厥后屡经重修，洎乎乾隆癸酉复加整饬，今又历七纪矣，渐有栋折榱崩，鞠为茂草之怯者。岁己丑，本村众善士等募赀筮日，鸠工修葺，上栋下宇，复焕然一新焉。像属乎离，从此离光照耀，德主于夏，居然夏屋峥□，用妥神明，爰答福庇，其事功与火德并照千古云。是为记。

房邑乙酉科拔贡邢肇霈撰

山西代郡五台县安清吉书

龙贝施纹银贰两

任启泰施钱肆千文，合拒施钱贰千文，王进才施钱一千文，刘锦施钱一千文。

盐店施钱叁千文，高建功施钱叁千，车一辆，温鹤龄施钱贰千文，温景泰施钱贰千文，王必用施钱贰千文，雷文远施钱一千文，雷□施钱一千文。

徐明施钱一千文，陈启昌施钱一千文，丁朝宗施钱一千文，赵□施钱一千文，侯万金施钱一千文，刘惠施钱一千文，刘喜施钱一千文，刘福□施钱一千文，郝□中施钱一千文，刘从善施钱一千文，姚永尧施钱一千文，刘□□施钱一千文，□□□施钱一千文。

斜首张德玉、姚君亮、丁朝宗、□礼旺（施钱五十吊文），张连宽（施钱四十吊文）、张连选仝立。石宅王永泰

道光十年岁次庚寅荷月毂旦

碑刻说明

清刻。在石窝村。拓片通高158厘米，宽60厘米。碑额正书"万古流芳"。

考释

斜（tǒu），丝黄色。斜首：牵头人。己丑，道光九年（1829）。

碑文记载"火神祠，创自明初，厥后屡经重修，洎乎乾隆癸酉复加整饬，

今又历七纪矣"，为撰文者邢肇霈之误。据乾隆癸酉年《京都顺天府房山县石窝镇重修火神庙题名碑记》："乾隆七年重修火神庙。"重修火神庙，在清乾隆七年（1742）。乾隆癸酉年，即乾隆十八年（1753）为立碑时间。

实则，火神祠创自明初，屡经重修，有记载的一次重修在清乾隆七年（1742），87年后的道光九年（1829），"栋折榱崩，鞠为茂草"，张德玉、姚君亮、丁朝宗等主持重修。翌年立碑。

撰文者邢肇霈，字霖皋，邢天锡次子。本地前石门村人，道光乙酉（1825）科拔贡，己丑（1829）科考取汉军八旗教习，差满以知县任用，任江西万年县知县，归部铨选授钦加同知衔。

○二八　五圣庙碑记

神人之际相感甚微也，而实甚显。惟神之于人罔弗佑，斯人之于神有必尊。房邑石窝村西而石伏焉，供累朝之采择，济百工之困穷，谓非神功显著，福庇一方欤？不惟一方托福也，即外省人氏之在此谋利者亦莫不托福焉。然则人将何如仰报于万一哉？欲妥神灵，奈祠莫建。欲崇庙貌，奈力难支。落苍茫旷野，焉陈俎豆之慕？寥落尘寰，安奉苹蘩之荐？过岘山犹思堕泪之碑，望剑柱尚忆南征之绩，矧其神明之灵佑者耶。

道光元年，晋省民人氏王毓奇、李拔翠在此地开设兴隆货栈，念神之福吾者无不至，而吾之答神者敢不诚？乃为之协力倡修，而士农工商亦集输资以佐不逮。于是鸠工庀材，相地取□，于村西土冈上建祠壹间，不日而工告成功。遂饬画工塑马王、财神、山神、鲁班、土地五圣神像而供奉之，故以五圣名其庙云。然而□□□□，功未半而赀罄，斯时罢之不能，志焉未逮，适滋心忧耳。今幸□兴□大工，众商至矣，百工投矣。毓奇等复募资补修，于庙前开通神路，□□□台。煌煌乎，一乡之盛事也。则岂非以五圣能参赞化育，福佑民生，故崇其神宇，隆其祀事。□迎□□乎人而从，父老子弟□和□□□夭□病疾之灾，皆谓神之佑护可也。工既告竣，毓奇属肇霈叙其事，爰举斯庙所由述之义，并刻石载姓氏于碑阴，以垂不朽。

候补八旗官学汉教习官乙酉科拔贡邢肇霈撰文并书丹

崞县石匠宋海明、张国泰、李□□

本村木匠王必用

大清道光十二年岁次壬辰季春榖旦立

碑刻说明

清刻。在石窝村。拓片通高 151 厘米，宽 70 厘米。

碑文考释

此碑为五圣庙创建碑，碑文记载了五圣庙创建经过：道光元年（1821），山西人王毓奇、李拔翠在石窝村开设兴隆货栈，发起在石窝村西创建庙宇，士农工商各捐资相助。动土兴工，在村西土冈上建祠一间，请来画工塑马王、财神、山神、鲁班、土地神像供奉其中，因供奉五位神灵，所以叫五圣庙。

文中提到大工采石。考清史，道光十一年（1831）十一月初八日酉时，位于易县西陵龙泉峪的道光帝慕陵，在承修大臣工部尚书穆彰阿、户部左侍郎敬征、礼部左侍郎宝兴、工部右侍郎阿尔邦阿的亲视下破土动工。在五圣庙建庙资金告罄时，恰逢慕陵兴建，合路承包商和百工匠人云集石窝村采石，王毓奇、李拔翠借机募化，五圣庙得以完工。五圣庙落成后，又在庙前开通神路。

○二九 大石窝匠头、皂隶优免杂役碑

钦差督理三山工部营缮清吏司郎中程，为恳恩移文优免事。据大石窝匠头梅茂雪等禀称"雪等在差承办各工石料，岁暨时无休息，所有房山县杂派常差伏乞开恩移文优免"等情，到部批此。查得匠头梅茂雪等开采各工石料，例应免其杂役。□□□□者□□非分，而供料者爰以无优，即合列名按实为之豁免，为此牌仰该县□□照牌事理，即将梅茂雪等通业各房一概优免，以

后非在牌中者即系□□□□□□未便即仰到县随视。该县回文开称,蒙部牌前事,遵将匠头梅茂雪等本县杂差一概优免等因到部□于除豁,同原行附卷列名刊石外,所有在差跟班皂役,各州县一应杂派业经本部各给优,即相□□□刊□□□□守。

计开:

匠头拾柒名:梅茂雪、高应州、崔□化、崔汝□、崔冲霄、张明春、高应荐、崔光瑕、崔简胜、高应宦、陈□□、焦三元、张□寿、冀子贵、何汝敬、张虎、高国光

跟班皂隶共拾陆名:余□、张田瑞、李金、杨思、乐龙、唐廷佐、闫□、张国柱、康华、张魁、张弘道、张山、高臣、闫□、倪□、乐相

再照安子口地方创建山神、药王庙宇,乃系大石窝护持香火,羽士任守□住持,□□所有焚修香火善地坐落房山县编籍,除每岁轮纳正课外,其一应杂派役应同例豁免,业经本当给付优遇,相应附刊共垂永久。

碑刻说明

清刻。在大石窝,拓片长 150 厘米,宽 63 厘米。

碑文考释

此碑载房山县优免大石窝匠头梅茂雪等及跟班皂隶杂役的公文。无立碑日期。康熙元年(1662)《关圣帝庙除豁碑记》云:"乡耆梅茂雪等敦请戒僧瀚寿者矢愿苦修,渐次培葺。"由此可以大致推断碑刻年代。据《清史稿》本纪四世祖本纪一:顺治元年(1644)秋七月癸丑,建乾清宫。顺治二年(1645)五月,乾清宫成,复建太和殿、中和殿、位育宫。梅茂雪等匠头当是在此次大工中当役采石,劳无宁日,同时又受房山县常差杂役之苦,万般无奈,联名上诉到工部,请求豁免。工部查核属实,行文房山县,要求予以豁免,房山县回复工部同意遵行。优免者除匠头外,还有跟班皂隶,及安子口(即鞍子口)地方创建的山神庙、药王庙。

碑文开列了 17 名优免的匠头名单,16 名优免跟班皂隶名单。至于山神庙和药王庙,除每年应纳的正课,其余杂派役差一律豁免。

〇三〇　房山县保甲条款告示

特署房山县正堂加五级纪录五次吴为晓谕事照得：

安民必先弭盗，弭盗首在清源。欲清盗源，固莫若编查保甲。而官行以法，尤贵民一其心。众志成城，则事庶可恃可久，而盗自无从潜踪。兹挺北尚乐等八村武举杨廷楷等，以恐人心不齐，日久懈弛，军器禁藏，民多疑惧等情，公禀请示前来，据此查思患宜共预防善事，原宜利器，除禀批示外，合行出示晓喻。为此，特示仰县属军民人等知悉，自示之后，务各查照后关条款，实力遵办。总期同心同德，有始有终。庶几内匪不生，外冠不犯。永远互相保卫，共乐升平。本县所深嘱也毋违。特示！

计开条款：

一、编查保甲以清户口。查办理保甲历有成规，上年复奉尹宪林奏明，从新整顿更为严密易行，迭经晓谕一体循办，各遵章按照牌册逐户核查，以候随时稽核。

一、睦乡邻以齐心力。查城乡保甲，既清支更团防，又各兴办，尤须联络声气，使之守望相助。一家遇警锣响，各家齐出应援。一村遇警锣鸣，各村合力救护。倘有遇警不鸣与闻警不赴者，由各村□公同酌量，议罚归公，以示惩儆。违者禀县究处。

一、禁娼赌以杜窝颇。查娼赌贻害地方指不胜屈，由其为奸盗之薮，故定例犯者，轻则罪拟伏枷，重则徒流军遣。迭经访拿，尔绅民等务各互相稽察，有即鸣地扭禀严办。如有容隐察出并究□□□□□□。

一、备器械以资防御。查军器定例，民间原禁藏用。第自办理团练以来，置造原已不禁。比值南氛不靖，防范较严，历奉宪章，准民置用。凡遇盗贼逞凶拒捕，并准格杀勿论。

右仰知悉。

告示

同治二年九月二十日

实发北尚乐、辛庄村、兴隆庄、石窝村、广润庄、惠南庄、南尚东、塔照村

碑刻说明

清刻。此碑立于石窝村，拓片通高 164 厘米，宽 68 厘米。石额正书"永为鉴借"。

碑文考释

这是房山县颁布的保甲防盗禁赌告示，起因是北尚乐等八村为防盗自保，由武举杨廷楷出面，"恐人心不齐，日久懈弛，军器禁藏，民多疑惧等情"，向房山知县请示，房山县知县就此颁布四项告示：一、编查保甲以清户口；二、睦乡邻以齐心力；三、禁娼赌以杜窝颉；四、备器械以资防御。这则告示从一个侧面反映了清末同治年间，房山地方盗贼、娼赌为患，治安混乱的社会状况。

"特署房山县正堂加五级纪录五次吴"，查民国十七年（1928）《房山县志》卷四职官，同治二年（1863）房山县知县为江苏阳湖人吴山寿。

○三一　创修公输子神祠碑文

自古百工作事谓之匠，而匠有巧拙，拙者必效巧者之所为，乃可以成其事，故其时咸奉巧者为师而敬之如神焉。匪惟其时敬奉之，越今千数百年犹不忘其教泽而敬奉者则如公输子。夫公输子名班，又名般，鲁公伯禽后裔，巧人也。当日者妙造云梯为攻宋也，术镌仙像以旱（捍）吴也。而且刻木象人而御轮舆自行，削木象鸢而飞霄汉可至。他如机封尝巧，机械逞能，亦其遗作。於虖！何神明于技若此？盖其继往圣，圆效天，方效地，范围天地而不过。其开来学，周中规，折中矩，诲与规矩而不离。而其于国家，大小工程，奇巧技艺，莫不默助于其间。民因乐利，到于今称之，并愿建专祠以祀之。如京师、山东、三江皆有专祠，余所亲见，其余各省谅必钦崇者不罕，

可谓戴德报功也已。若石窝为石料之出处，石匠之聚处，运车之宿处，需石者纷纷来采，所谓利用厚生者此耳，尤宜建祠，以妥神灵而肃瞻仰。乃自春秋至今道光年间，惟有开兴隆号之王毓奇，创修五圣祠，仅绘公输子神像附祠，聊表诚敬之心，竖碑以彰捐施之善。至建专祠，尚待善士。兹有首事温彩龄，乡饮耆宾；温玉衡，邑庠生，一乡之善士也。玉衡向者与王明祥、李浩然，伙开泰衡石局，屡与官商交易，尽可劝捐修祠，奈家寒人懦，不敢轻举，致失机会。迨至工竣商散，泰衡局止，欲兴作而不能，退缩之愆难免。余于同治十年回籍，询悉玉衡仍旧训蒙，暇时常与聚谈。一日，论及公输子之巧，不禁慨叹曰：此神大有裨于石窝村，何不创造神祠以迓神庥？渠曰：志焉未逮，遇机即行。至十二年秋，官工兴动，派商七家承修采石来此，泰衡局复开亦代办理。夫开山雇匠运料，其利固在，人工全赖神佑，曷其奈何弗敬？不料，玉衡将建祠默识于心，尝与其叔彩龄言念不忘，遂语阖村人曰：乘机捐资，创建专祠，急为当务。而人闻之皆乐输将，彩龄命子泰衡，玉衡命孙如瑜协力劝捐购料，以备兴工。适值重修娘娘庙工竣，其首领善士董厚田乐善不倦，又会其同事六家，共襄此功，始终如一，诚心向善者也。诗云：以永终誉。可为董公咏矣。首事乘此，即于光绪元年孟冬择日，鸠工修造神祠三间，虔塑公输子神胎圣像，彩绘油漆，焕然一新，年终告竣。爰名其祠曰公输子神祠，则神有所凭依，人得以敬奉，皆众善捐银经营之力也。此石窝村之有专祠，创自今始。於虖！彩龄、玉衡之素愿偿矣，前愆泯矣，即泰衡、如瑜于子孙服劳之职亦尽矣。而可不谓继志述事之善者欤？索文于余，余虽老耄荒疏，而扬善之心不已，聊成俚句，以勒贞珉，永垂不朽。

诰授奉政大夫同知衔前江西万年县知县道光乙酉拔贡己丑考取八旗官学汉教习民籍霖皋邢肇沛撰文　时年八十二岁

就职候选教谕咸丰辛酉选拔优廪生邢景耀午亭敬书

诰授奉政大夫候选同知山西忻州定乡县例贡生民籍厚田董廷广劝募捐助建

住持僧绪春号景和，徒本溪，孙觉性

本村刻字匠赵廷彦敬镌

大清光绪二年岁次丙子仲秋谷旦

碑刻说明

清刻。此碑立于石窝村，拓片通高110厘米，宽70厘米。碑额正书"万古流芳"。

碑文考释

伯禽，周公旦长子。周公东征胜利后，武王把殷民六族和旧奄国之地封给他，国号鲁。武王死后，成王年幼，周公摄政，使子伯禽代其就封于鲁。

此为创建公输子神祠碑。据碑载，"道光年间，惟有开兴隆号之王毓奇，创修五圣祠，仅绘公输子神像附祠"，五圣祠即五圣庙，建于道光十二年（1832），祠内奉马王、财神、山神、鲁班、土地。这是石窝村庙庵奉祀鲁班之始。

公输子神祠俗称鲁班庙，创祠人是温玉衡和其叔温彩龄，并温泰衡、温如玉（碑文作如瑜）。温玉衡开办泰衡局，与叔温彩龄早有创祠之念。同治十二年（1873）秋，官工兴动，派商七家到大石窝承采汉白石，温玉衡的泰衡局为代理商，温玉衡、温彩龄乘机捐资，温泰衡、温如玉出力协办。此时修复娘娘庙的工程刚刚竣工，牵头修庙的是七家承采商之一的董厚田，董厚田得知要兴建公输子神祠，联络其他六家承采商捐资助修，于光绪元年（1875）十月开工，建公输子神祠三间，内奉公输子鲁班神像，当年十二月竣工。

同治十二年（1873）秋兴工，董厚田等七家到大石窝承采汉白石，是清东陵的例行修缮。

○三二　广善老会、少林、金刚会施钱碑

盖闻知公德者必无自□，行公益者定除前弊。凡事如此，□会□□□□□。兹因本村旧有广善老会钱贰百捌拾捌吊文，少林会钱叁百叁拾贰吊文，金刚会钱伍拾贰吊文，三会共合钱陆百柒拾贰吊文。又狮子会钱拾六吊文。

由光绪二十六年将会停止钱无所归，于是四会乡首及管事人等首倡义举，情愿将本会之钱施于本村，屡年所获余资，以抵阖村旗民差徭之费。日后或积蓄益增，不但可备不时之需，并可供他事之用。况年深日久，若再起此会，此款如无余项，本村情愿按地亩筹钱办理此会，决无食言。

又村西头官坑一段，东西阔贰拾肆弓半，南北长叁拾壹弓半。东至靳姓，西至靳姓，南至王姓，北至卢姓，四至已明。此坑永不许使土。又五道庙壹座，东西肆弓贰，南北柒弓四。将四会施钱之由与官坑、五道庙长之数并勒碑，以备后日之考察云。是为记。

本邑初级师范毕业生刘永生撰文并书丹

广善老会：观音庵、刘永立、刘世荣、刘茂林、靳书元、赵玉和

少林会乡首：赵海、王玉海、赵清、单立德、卢崑、刘恒林、王永和、观音庵，管事：徐甫、徐富、靳启元

金刚会乡首：刘富、吴永祥、刘永振、李铎、李鹤龄、李致中、李金荣、邢玉山；管事：徐俊；首事人：李锟、单祥、靳礼、刘玉、赵景隆、王玉铃

狮子会乡首：赵玉贵、徐德、徐永禄、赵玉林、赵玉坤、赵玉喜、徐富，管事：赵才、祖德才、张俊、赵□□、赵□

清光绪三十二年仲冬上旬榖旦勒石　刘□海镌

碑刻说明

清刻。此碑立于石窝村，拓片通高 72 厘米，宽 46 厘米。碑额正书"永垂不朽"。

碑文考释

这是一则有关民间会社组织的碑记，从碑文中看，该村有广善老会、少林会、金刚会、狮子会四个会社组织，广善老会似是相互救济的慈善组织，金刚会当是佛教邑会，少林会、狮子会则是民间花会组织。从碑文得知，旧时会社组织的有乡首、管事、首事人等头衔，负责组织会社活动，会众按例交纳会费，用于会社活动。

碑文记载，该村旧有广善老会钱 288 吊，少林会钱 332 吊，金刚会钱 52

吊，三会合计有钱 672 吊，狮子会钱 16 吊，由于光绪二十六年（1900）将会停止，钱无所归，四会乡首及管事人商议，情愿将本会之钱施给本村，屡年所获利钱，以抵本村旗民差徭之费。日后或积蓄益增，不但可备不时之需，并可供他事之用。碑文还说，倘若会社活动恢复，此款如无余项，情愿按地亩筹钱办理此会，决不食言。碑文还约定，村西官坑四至内不许使土，又确认了五道庙宽长。

这则碑记属村规民约性质，在房山碑刻中不多。

○三三　隗执礼及妻冯氏王氏墓碑

大清道光乙巳年季春

显曾祖讳□、孺人□氏，显考讳执礼府君，妣冯、王太孺人之墓

不孝男云锦、云林奉祀

碑刻说明

清刻。此碑立于石窝村，拓片通高 150 厘米，宽 61 厘米。石额正书"庚山甲向"。

碑文考释

道光乙巳年，即道光二十五年（1845）。季春，为三月。墓主隗执礼，取冯氏、王氏。有子隗云锦、隗云林。

○三四　温裕衡及妻郝氏张氏墓碑

大清宣统二年岁次庚戌

皇清例赠登仕郎先祖考裕衡齐政温府君，妣郝、张太君之墓

长孙如玉率曾孙荫桐、荫棠、荫棕，暨元孙□□谨立

碑刻说明

清刻。此碑立于石窝村温氏墓地。拓片通高184厘米，宽76厘米。碑额正书"于万斯年"。

碑文考释

墓主温裕衡，字齐政，例赠登仕郎。其他碑刻，亦写作温玉衡。登仕郎，文散官名，正九品。其长孙温如玉为监生，故温玉衡例赠登仕郎。

温裕衡墓碑记

温公初，嘉庆癸亥年生人，系前温鹤龄长门出子。原房山民籍，世居石窝西店。村南村西有坟，十三代可考，嗣因兼祧两门，次门虽叔温九龄，爱顾如亲，寄居涞水县东家庄种地，庄所教养，多蒙叔惠。春华好学敏求，考试涞邑，随便故列黉门籍，遂附焉。既而谋食，迁回石窝，获馆东店泰衡局石工商寓，日与厂客持筹办工，每见王公大人，晋接婉曲逢迎，从无怠慢。生有二男尔泽、尔滴，均业农。训务本公司一账，讲忠信，谨支使，甘偏劳。近老屡空，迨孙如玉学徒已成，应答官工竭力，监督加赏。每忧家道日渐丰盈，触孙如玉得归房山籍，援例太学明经品职，补偿旧累不少。复采买是地十六亩，四隅立有界石，地内栽植柏树百十二株，青杨活一，白槐活七，左下盖有更房。适当齐政公殒，时在光绪丙子年，卜葬之茔始于此立。祖培补之功中于此，罔敢懈应尽之责，卒于此庶毕徵云。

本茔乾山巽向。

碑刻说明

清刻。在《温裕衡及妻郝氏张氏墓碑》阴。《创修公输子神祠碑文》《重修眼光、天仙、子孙娘娘碑记》作"温玉衡"，与温裕衡实为一人。

碑文考释

光绪丙子，即光绪二十二年（1896）。

据此记兼考《创修公输子神祠碑文》《重修眼光、天仙、子孙娘娘碑记》：

温裕衡，清嘉庆八年（1803）生，温鹤龄之子，世居石窝村古西店，原为房山民籍。叔父温九龄无子，温裕衡兼承两门之嗣，随温九龄寄居拒马河对岸的涞水县东家庄耕读为业，参加涞水县考试得中，成为涞水县庠生，依例由民籍改为"黉门籍"。后来，迫于生计，迁回石窝村，与王明祥、李浩然合开泰衡局，设在石窝东店，曾作为广丰厂代理商，参与清东陵日常修缮及同治惠陵的营建工程采石。牵头创建公输子神祠，即鲁班庙，此庙至今仍存。工闲在石窝东店的泰衡局石工商寓开办私塾。有子温尔泽、温尔滴，孙温如玉，曾孙温荫桐、温荫棠、温荫棕。温如玉先和温裕衡学徒，后和他一起经营泰衡局，在官工采石中得力，受到清廷监督官员的褒奖。到温如玉一代，温氏家道日丰，出资捐得太学明经品职，也就是国子监生。光绪二十二年（1896），温裕衡故世，例赠登仕郎，时年九十三岁。

温氏家族墓原有两处，一在石窝村南，一在石窝村西，温裕衡逝后，其孙温如玉另卜墓地十六亩葬之，墓地栽种柏树一百二十棵，杨树一棵，槐树七棵。左下盖更房。

〇三五　河北省房山县石窝村王氏老茔之记

盖闻为人先者，莫不欲有贤嗣而血食得以常享；为人后者，莫不欲有令祖而宗枝得以久延。举凡吾人承先启后，靡不同此情也。虽然，善此者比是，而克队（遂）其志者寡矣。兹稽我王氏世居石窝村，旧有祖茔大小十一段，四至有契纸载明。普于百年前，经我先祖文耀公迫于家境，因之典与他姓，厥后经年历岁，恢复世力，举族之人或以为耻，言念及此，莫不疾首痛心，奈力与心以违，亦付之无可如何而已。近有瑞清公幼而英毅，禀赋特达，素具恢之志，誓赎祖茔之地，一雪多年之耻。尝云人定胜天，有志者事竟成也。于民国己巳年，集资成数，计之尚有不足，复约全族人等公同商议表决，将此茔内树株伐之，以补不足。于是我族人咸幡然而喜曰：此举成先祖灵也。由此继往开来，宗枝永绍，祖志孙承，血食世强。全族人等并同议决，此地每年出产，作为屡年祭扫之资。吾族人自此而后，当一体遵守，克绍前烈。全族人恐久而漫没，爰立碑碣，以昭久远云尔。第五行恢下落一宏字。

三代宗亲，四代王宝，五代壁用、可用，六代兴、高，七代瑞林、瑞科、瑞芝，八代云、德、福、凯，九代积□、积□、积□、积□

平善居士刘成撰文

石匠刘永顺镌书

中华民国二十二年三月日立

碑刻说明

民国刻。此碑立于石窝村，拓片高 92 厘米，宽 63 厘米。

碑文考释

"第五行恢下落一宏字"，实为第六行。

据此碑，王氏世居石窝村，原有祖茔大小十一段，四至有契纸载明。清道光年间，先祖王文耀迫于家境，典给他姓，后人王瑞清发誓赎回祖茔之地，阖族集资，至民国十八年（1929），所差无几，阖族公议，把茔内树木伐卖，以补不足，终于赎回祖茔地。

辛庄村

金代成村。金贞元元年（1153），海陵王听从平章政事张浩的建议，从东北各地迁徙女真人到中都周边定居。当年女真移民来到范阳县西北的上乐村（今北尚乐）附近建立一个新村，取名新庄，就是现在的大石窝镇辛庄村。人们习惯上认为，辛庄是石窝村辛庄，这是概念的错误。石窝村起于明末，完全形成于清中期，而早在金大定十一年（1171）前，辛庄村就已经存在，只不过那时叫新庄。辛庄村有大定十一年（1171）十月《阿閦如来灭轻重罪障陀罗尼幢》，该幢有这样的记载："涿州范阳县新庄杨善。"

从金贞元元年（1153）算起，到 2018 年，辛庄村距今有 866 年历史。

自金元明至清中期，辛庄村一直写作"新庄"，直到清乾隆中期，才改为"辛庄"。清乾隆三十一年（1766）三月《重修隆阳宫施买香火地碑记》第一次写作"辛庄"——"辛庄村崔慰霖等"。清嘉庆年间，"新庄""辛庄"的写法时有反复，到道光以后，"辛庄"的写法基本固定下来。

早在金代辛庄村成村不久，村里便创建了福胜寺，约在明昌之际村中又落成了道观灵泉庵，金元之际重建，改号隆阳宫，为真大道教圣地。村中还有石佛寺、关帝庙、药王庙等。

辛庄村曾是汉玉白的开采地，乾隆十五年（1750）分石商于跃汉在辛庄村创塘口采石，营建清东陵的乾隆裕陵。辛庄村民也曾参与汉白玉开采，乾隆十八年（1753）《京都顺天府房山县石窝镇重修火神庙题名碑记》称"新庄村领袖彭国正暨领石塘口人等"，辛庄村彭国正等领石塘口采石，正是为兴建裕陵工程。

本卷收录辛庄村碑刻 16 件，其中金 3 件、元 2 件、明 3 件、清 6 件、民国 2 件。附碑记 1 篇备考。

○三六　智炬如来破地狱陀罗尼幢

智炬如来破地狱陀罗尼曰：（下为梵文）

生天密言曰：唵吕尼吕尼娑嚩诃。

阿閦如来灭罪真言曰：（下为梵文9行）

破地狱真言曰：唵祛啰感娑嚩贺。

六字密言曰：（下为梵文）

生天真言曰：（下为梵文）

大金中都涿州范阳县永福乡新庄里杨善奉为父母建密言顶幢石匣一座。父讳孝存，母王氏。生三男：长曰善，妻董氏；次曰彦，妻刘氏；幼曰坚，妻高氏。女生一人，李□妇。孙男三人：公义，妻张氏；公正，妻张氏；永儿，妻王氏。一孙，孙□□□□；孙女四人□□□□□□□□□□□□□□□□□□□□□□□□□□□□□□。

大定十一年十月廿一日

碑刻说明

金刻。在辛庄村福胜寺。八面刻，拓一纸，高56厘米，通宽100厘米。正书，真言，汉文和梵文并书。

幢文考释

幢载"大金中都涿州范阳县永福乡新庄里杨善奉为父母建密言顶幢石匣一座"。可知，此幢为杨善为其亡父杨孝存、母王氏而建。今辛庄村在金大定时属涿州范阳县新庄里，当乇辛庄写作"新庄"。那么，辛庄在金代中期就已经存在，自金海陵王定都中都，金曾把女真人大量迁居中都周边，"新庄"当即当时的移民村。尚乐村早在唐代就已经存在，而石窝村形成在明代晚期，最终到清代才有石窝村名。因此"新庄"属尚乐"新庄"，现在习惯称石窝辛庄，实为误会。

○三七　阿閦如来灭轻重罪障陀罗尼幢

阿閦如来灭轻重 罪障陀罗尼曰 ：曩谟婆誐嚩帝……

陀罗尼文字缺损甚多，中间记事部分亦多缺损，现将可辨认者抄录如下：

……户为主，父□岁近玄虚……阳，文章冠世□间……累岁布施，僧延万徒。……造幢匣，愊……右直书。巨河连……名传今古，尘霭……涿州范阳县新庄杨善，妻董氏，弟彦，妻刘氏，次弟坚，妻高氏。生男三：长男公义，妻张氏；次男公正，妻张氏。侄四人……侄女一人……韩朗妇……住女□□哉。大定岁次 辛卯

碑刻说明

金刻。在辛庄村福胜寺。八面刻，拓一纸，高 32 厘米，通宽 95 厘米。幢题缺"罪障陀罗尼曰"六字，由此判断，此幢下部残缺过半，完整的经幢应高 65 厘米至 70 厘米。此幢为《阿閦如来灭轻重罪障陀罗尼幢》，辽金时期，《佛顶尊圣陀罗尼幢》较为普遍，《阿閦如来灭轻重罪障陀罗尼幢》极为罕见，这在房山区是唯一现存的一座。

幢文考释

此幢和《智炬如来破地狱陀罗尼幢》同为杨善为其父母而建，因此建幢当在同时。《智炬如来破地狱陀罗尼幢》日期为大定十一年（1171）十月廿一日，此幢亦应是大定十一年（1171）建。幢中记文文尾署"大定岁次"缺文，按大定十一年为"辛卯"年，故后面应为"辛卯"。两幢皆残，记文互相参照，可考证杨善一家的家族情况，及杨善的生平事迹。

○三八　重修福胜寺碑记

金山寺林泉沙门大用定成撰文

本寺住持沙门古镜定昭书丹额

夫大觉世尊应迹于西乾，妙法流传，教兴于震旦。兰腾道扬于明帝，僧会德被于孙权。从此妙法始兴，王臣宰辅，无不兴崇，善信高贤，留心敬仰。尔后随处建立梵刹，普遍修葺招提。福胜寺者，自大元已后，皇庆年中创置于此，罔知历代兴废而有几何。于中或有修陈净念，或有习定观心，都为出世之方。以斯妙力，同为祝延圣寿亿万千年，宝祚绵远，慧日安常。将迨天顺之时，有僧广修立佛殿一所，向后疏毁。又至正德五年，有新安县永庆寺僧定昭行脚游履到此，见得殿宇疏漏，廊庑败坏，千匝不舍，遂问村方耆老。众人曰：师若留心于此，愿诚供奉。是师挂锡，于此住止。于后渐当成立，殷勤朝夕，努力向前，募化十方。不过数十年间，殿宇、僧舍、伽蓝、祖师、厨库、山门、墙垣、园圃，所用具足。今将本末，若非具书镂石刻铭，蒋何永贻诸后云耳？后有铭曰：

创业非坚久，唯有守业难。诚心用意厚，梵刹再新鲜。

龙乐翻金池，草木壮祇园。颇有未来者，谁人至此间。

内官监太监提督马安山、石窝郑玺、赵宣

正德十五年岁次庚辰四月初八日立石

保定府石匠刘宣、刘奉、戴继镌石

碑刻说明

明刻。在辛庄村福胜寺。拓片通高 157 厘米，宽 60 厘米。碑额正书"重修福胜寺记"。

碑文考释

"蒋何"，即"将何"，蒋字通假。

此碑云："福胜寺者，自大元已后，皇庆年中创置于此。"皇庆为元英宗年号。在福胜寺发现大定十一年（1171）十月《智炬如来破地狱陀罗尼幢》和《阿閦如来灭轻重罪障陀罗尼幢》，那么，福胜寺创建时间不会晚于金大定十一年（1171），所谓"大元已后，皇庆年中创置于此"应是重修。

碑文载，明代重修两次，第一次在明天顺年间（1457—1464），当年僧广修立佛殿一所。第二次，即正德五年（1510），此年，新安县永庆寺僧定昭云游到此，见得殿宇疏漏，廊庑败坏，不忍离去，于是向村里老人打听寺院情况。老人说：师父若是有心留下来，愿意诚心供奉。定昭不再云游，从此住锡福胜寺，殷勤朝夕，募化十方，到正德十五年（1520），十年时间，殿宇、僧舍、伽蓝、祖师、厨库、山门、墙垣、园圃，所用具足。

"重修福胜寺碑"立于正德十五年（1520）四月初八日，撰文者为金山寺老僧人定成，书丹者为重修福胜寺后，任本寺住持的定昭本人。碑后有"内官监太监提督马安山、石窝郑玺、赵宣"的题名，这一题名，记载下正德十五年（1520）前后，明廷应该有大工，钦派内官监太监郑玺、赵宣，提督今属张坊镇的马鞍山与今属大石窝镇的石窝采石。

明嘉靖三十五年（1556）《大石窝关王庙竖立碑碣记》："正德戊寅岁武宗皇上重建乾清、坤宁宫，伐取白玉，特命内官监太监郑公玺董理公务，公于彼创建石厂官厅一区。"可见，福胜寺重修期间，正是重建乾清宫、坤宁宫的时间。此时，不仅在石窝采石，还在今属张坊镇的马鞍山采石。

当年定是征集了各州府役夫工匠，其中就有保定府人，故碑文镌刻者为"保定府石匠刘宣、刘奉、戴继"。

碑阴

顺天府涿州房山县独树里新庄村

□□官刘文杨氏、王氏，同发心人程堂静

□兄刘安李氏、唐氏、吕氏

本山善春、善□，徒众宗常、宗实、宗□、宗□，藏主方可

旗官：由成、贺名、韩全、艾妙顺。□□□观普贤

致仕官：李文、张振。店上宋鉴。木匠营：李福、王佑

独树里新庄村耆老：任庆、任素、任玉、任剧

同发心人：刘安、刘文、赵刚、全奂、全玉、艾春、艾宝、艾赟、艾授、于宽、任源、任澜、任浩、任清、任涅、任洪、任河、艾任、全仁、陈玉、陈得春、崔锦、全智、崔忠、崔达、崔良、张川、刘聪、苏景方、刘敏

铁匠营：王文、王见、王源、李谨、李玉、全辉、高云、王中、王通、张奉、王山、艾宝、高礼、全万仓、赵泰、赵海、宋祥、宋禄、孙文、胡名、张□、郝进、范义、牛隆、焦宽、高智、石正、刘敬、赵贵、赵福、赵隆、赵红、艾富、艾宽、艾□、王景、巨成、刘宣、既兴、巨承、赵栾、赵贵、王信、孙瑞、刘良、田林、张富、杨泰、刘祥、刘妙会、田秀、于泰、田憩、隗富、胡□、赵永、赵毡、庞勇、□和、乔文仓、刘贤、赵宾、赵才、高得山、田名、全月、刘玱、刘大江、李四、刘□、全锦

会中人：宋妙聪、任妙舍、高妙莲、袁妙清、李圆祥、刘妙荣、王妙原、刘妙顺、赵妙容、吕妙春、袁妙才贾氏、刘妙兴、全妙保、赵妙奉、崔善真、□妙祥、□妙觉、杨妙清、赵妙瑾、任惠明、任妙智、李妙成、芦惠顺、杨惠成、田妙庆、刘惠禅、任妙善、赵妙玉、黄惠喜、王惠增、王妙禅、□妙原、刘妙全、杨妙音、高妙聪、张妙成、李惠云、杨妙成、赵善玉、□惠□、杨妙□、于善□、□□□、高妙□

半壁店：李良、刘氏、张氏。寺上：具成。铁匠营：女善人郭妙增、赵惠□、韩惠□、刘□全、宁妙得、高惠才、张妙全、王妙原、李妙能、王惠□、张氏、石二姐、李惠金

诸山：磨碑寺住持江嶝，东峪寺住持德月、德云，云居寺住持圆觉，慧化寺住持性名，耆旧明德、明宗，禅房寺住持明昇，耆旧明宽，兴禅寺住持安然

舍地功德主赵刚同里长艾俊等施舍地亩大小共八亩，东至大塘西面二里□，北至塘口。全真、全玉、全□合施舍地一亩，东至□□□□张深，西至□□，北至本寺。四至分明。舍于福胜寺住持定昭常住、徒众永远为业，而后无问，故立施舍，永远为照。

碑刻说明

明刻。碑额双勾题"十方檀越芳名"。

碑文考释

碑阴记"顺天府涿州房山县独树里新庄村",表明在明正德年间（1506—1521），新庄村，今辛庄，属顺天府涿州房山县独树里。

据碑载，本次重修捐资者除新庄村外，还有半壁店村、寺上村，及大石窝石厂旗官，铁匠营、木匠营，附近岩上村磨碑寺、三岔村东峪寺、水头村云居寺、北白岱村慧化寺、北尚乐禅房寺等各寺院。

铁匠营、木匠营，是明代大石窝石厂下的采石机构，当年石窝村还没有出现，故无石窝人捐资，更无石窝村的名字。

碑中留下正德年间各寺住持等僧人的名字，为研究房山佛教史留下了不可多得的资料，如：磨碑寺住持江嶝，东峪寺住持德月、德云，云居寺住持圆觉，慧化寺住持性名，耆旧明德、明宗，禅房寺住持明昇，耆旧明宽，兴禅寺住持安然。

福胜寺重修后，当地成立了服务福胜寺的邑会组织，按辈分分别为妙、惠、善字，碑文记录下会众44人。

明武宗重建乾清、坤宁二宫，自正德十年（1515）九月，到正德十三年（1518），都在大石窝采石，正德十三年（1518）还特地建立了石厂官厅。

正德十五年（1520）《三官庙重修记》："正德十年九月内营建宫室，朝廷乃简命内官监太监闫公清，及管工监工太监等官，并兼匠人等来斯开取白玉等石。"嘉靖三十五年（1556）《大石窝关王庙竖立碑碣记》："正德戊寅岁武宗皇上重建乾清、坤宁宫，伐取白玉，特命内官监太监郑公玺董理公务，公于彼创建石厂官厅一区。"

又据此碑，营建乾清、坤宁二宫的采石工程一直延续到正德十五年（1520），铁匠营、木匠营、石厂旗官，特地为采石设立。

○三九　辛庄福胜寺显公和尚碑志

尝思民家之兴盛，关乎执事之才能。庙宇之隆祥，视乎和尚之优劣。惟房邑第七区石窝辛庄村福胜寺，有和尚法名曰显亮，号曰明章，原系涞水县龙安村人，十岁之以来于此庙，与全海公剃度为徒。此人性质明敏，品格端方，见义勇为，宅心慈善。敬其神必尽虔诚，事其师如事亲生。自赴西域寺受戒，以后其师化身西归，仅遗香火地十六亩。大殿虽可支持，禅室均将倾圮。于是显公谨守清规，辛勤田亩，外谋生业，大道生财。今将旧有之禅室皆普地重修增筑之，禅堂焕然齐整。合计旧有增筑共十二间，山门群墙，翻然改作，坚固异常，此皆显公之缔造也。先师当出地产二十亩，均经显公备价赎回。又自置田地三十亩，皆不在香火之内，此皆显公之积蓄也。由是观之，显公受苦戒以居庵，芳名可流传于百世，秉虔心以修寺，功德必不朽于万年。显公一生之艰辛制作，而为众人所嘉许者也。崔生仕藉，昔曾从学于余，因匄余文而为记。

眷乡友：戴克谆、吕登甲、崔景山、崔仕勋、崔仕禄、崔仕藉、戴自明、戴自周、戴自学、戴自安、戴曜亭、戴云亭、戴鸿文、崔仕钦、崔仕钢、崔仕俊、崔仕久、崔仕平、崔仕长、崔仕治、戴克让、张绪文、崔仕荣、崔仕元、崔仕义、崔凤和、崔尚义、王山、张□、张信、张兴、籍海、杨荣、李茂、高福全、高福才、高福安、高福田、张世隆、李玉林、李玉山、崔鸿祯、段文田、郭新、王廷兰、王振清、王永清、王贵清　公立

房邑惠南庄文生陈振儒撰文书丹

碑刻说明

民国刻。在辛庄村福胜寺。拓片通高 157 厘米，宽 64 厘米。碑额双勾题"万古留芳"。

碑文考释

碑文记载民国年间，显公和尚住持福胜寺时，重修寺院，修缮、增建殿宇共十二间。赎回香火地二十亩，又自置田产三十亩。

显公，法名显亮，号明章，涞水县龙安村人，十岁到福胜寺出家，由全海剃度为徒，后来到西域寺受戒。全海圆寂，显亮承继师尊，住持福胜寺，重建殿宇，赎置庙产。

○四○　重修隆阳宫碑

宣授管领本位下随路诸色户计总管田璞撰

前东平路行军万户兼管军民总管次授资德大夫江浙等处行中书省右承严忠翰书丹并篆额

太上《道德经》云："道，可道，非常道。名，可名，非常名。"盖谓道可以言，则是道也弗庸焉；名可以言，则是名也亦弗庸矣。窃取诸日用之器而譬之，曰榻曰几，是器之名也，一旦榻暨几而毁废焉，即名木也，焚其木即名曰火，灭其火即名曰灰，尽其灰即无名焉。岂非"名可名非常名"也哉！经又云："道之为物杳兮冥，其中有精，其精甚真。"又云："有物混成，先天地生，吾不知其名，字之曰道，强名之曰大。"然则真也，道也，大也。视之而不可以见，听之而不可以闻，搏之而不可以得，绳绳不可以名焉，复归于无物。夫真大道，道果可得而名乎，抑不可得而名乎？不可得而名也，实太上玄妙之门也欤。爰自远古，以迄于今，学斯道者，世不乏人，然而得其道者也欤哉，抑未乎？经曰"常德不离，复归于婴儿"，又曰"专气致柔，能如婴儿乎"，又曰"含德之厚，比于赤子"，又曰"如婴儿之未孩"。太上之旨，譬诸婴儿，若是谆谆之切，大抵婴儿无妄无欲，为无为而事无事，不失无名之朴欤哉！诚能复婴儿之初心，心之到不几乎道之域耶？经不云乎："吾所以有大患者，为吾有身，及吾无身，吾有何患？盖目之于色，耳之于声，口之于味，四体之于安逸，情之于嗜欲，浊扰其心，遂为身之患弗克逃，是岂

69

得窥道之仿佛耶？徒黄冠野服而已矣！

真大道祖师无忧子之阐教门也，衣取以蔽形，不尚华美，目不贪于色也；祈祷不假钟鼓之音，耳不贪于声也；饮食绝弃五荤，口不贪于味也；治生以耕耘蚕织为业，四体不贪于安逸也；纤毫不乞于人，情不贪于嗜欲也。夫如是清静其心，燕处超然，默契太上众妙之理，其真大道教门也哉！师姓刘氏，讳善仁，沧州之乐陵县人也。生于汴宋宣和四年春正月十有八日，夙丧其父，不喜与儿辈嬉戏，见蝼蚁避之而不履。有金皇统二年冬十一月既望，迟明，似梦而非，有老人须眉皓白，乘青犊车至，遂授玄妙道诀而别去，不知所之。由是乡人疾病者远近而来，请治符药，针艾弗用也，愈效如影响焉。示门徒诚法，其目有九，俱造次不忘而遵行之。及大定七年，赐东岳真人之号。大定二十年仲春既望，师瞻拜太虚，安然而逝。

祖祖相传，传及第五祖师太玄真人郦君，讳希成，妫川之水峪人。降日祥光满室，金末道业已隆。圣朝创业之初，为教门举正而阐教山东。四祖师毛君，暑月病剧，速召而来燕。既承其法，拂袖有深山之隐，慕道之徒，翕然而从，不召而自来，不言而自应。于是出整颓纲，道风大振，巨观小庵，四方有之。尝闻行教之泰安州，路经郡邑留止，师曰："吾不到泰山而不雨。"时夏旱也，官吏信，送别而去。璞也先人寂然老人，时从行焉，私谓举师田公曰："师言不亦过乎？天道幽远，安得必然？"举师曰："师之至诚，感应不测，岂敢悬料哉！"师至岱岳观，召观主而谓曰："速迓行李，恐雨来而无雨具耳！师于方壶之西，面西北立，以棕扇蔽面而默祷之。片云从所向之方而起，须臾密布长天，雷鸣电掣，澍雨如翻盆。师坐方壶中，以扇指寂然谓众曰："此子弗信吾言，其诚然矣。贫道尝夜起，不知履之所在，而问侍童焉，岂知天道必应乎？吾以至诚恳祷而获其应，天其许教门之畅也。"道众再拜而谢。居数日，玩泰山之白龙潭，师于东边面西立，默祷之。水面有光如盘，渐如巨车之轮，舒张弗已，山壁林木，辉彩灿明。师曰："可止矣！可止矣！"忽然跃身环曲，离水数尺而没。适有樵夫树上窥之，奔告州人。翼日，长官盛服来拜，且谢不谨。噫！掌行道教，其效验乃尔，人不知其然而然也。师自泰安而还，到处扶病抱疾者祈治而即愈。或出家，或在家为弟子者，殆无旷日矣。师经中山，过易水，至奉先县之怀玉乡，爱其山奇地秀，欲建观宇。适有三祖师时举师赵希元辈坟塔在，土人云，其地尝为大道庵，名曰灵泉也。师益喜，于是运石启地，剪荆棘而构屋筑垣，栽枣植桑而垦田野，载离寒暑，已成其趣。东有单凤之山，北有卧龙之岗，驼峰磊落，出乎其上，南有上乐之原。太玄真人属王举师德昌领院门事，是后岁岁兴功弗辍。建圣像之殿，方壶、斋堂、厨舍，次第而列，田野仓廪，蔬圃水碾，井池碓硙，至于马牛之厩，莫不完置。今之掌教大宗师崇玄广化真人八祖岳君，总角时修行于斯，亦有年矣。仙翁道友，晨错参礼，仰祝圣朝万万载福祚无疆，香火诵经，无虚其日。厥后敬奉势都儿大王令旨，特赐隆阳宫之额。本宫举师田德进从教门举正王德道，造弊庐而言曰："隆阳之宫，都西名处也。自始经营，及今几六十年矣。欲刻丰碑，俾游玩者知其真大道之教，及示诸后人遵守而勿怠，礼也。来请文。"璞幼时尝闻先人暨田举师丈话奇应之事，又重二师之请，弗敢固辞，遂为文而铭之。其铭曰：

太上道道，吾不知名。字之曰道，可道非恒。强名曰大，可名弗经。

其精甚真，恍惚杳冥。乌虖艰哉，造域孰能？无为清静，复归儿婴。

学者是到，庶乎有成。目惑华色，耳惑音声。口惑滋味，体惑逸宁。

身为大患，道远难明。黄冠野服，徒饬其形。真大道祖，俗姓曰刘。

降宋宣和，乐陵沧州。夙丧其父，不践蚁蝼。有金皇统，仲冬寒尤。

望日迟明，有翁来投。须眉皓白，轻车青牛。若梦非梦，道诀秘留。

恍然一去，安可追求。符药弗用，治病即瘳。男徒女众，翁应斯由。

戒目有九，神化孰搜。真大道教，万里传流。传及五祖，太玄真人。

妫川水峪，祥光降辰。有金之末，道行青春。圣朝太平，名誉超伦。

实为举正，东海之滨。掌教四祖，伟仪毛君。暑天病剧，召来速臻。

承授传法，深山隐身。逃名不得，既济邅迍。颓纲大振，会合道真。

教风凛凛，驱邪如神。曰庵曰观，处处一新。女众蚕绩，男徒耕耘。

纤毫弗乞，淡薄清贫。尝闻太玄，行教离燕。东之岱岳，耆宿从焉。

时当夏旱，尘路生烟。所过郡邑，留止心虔。太玄有曰，彼到祈天。

救旱澍雨，果应其言。往玩龙潭，龙耀光鲜。曲身离水，樵子走传。

翼日州官，来拜称愆。太玄振衣，鹤驾回还。徐行有日，北至房山。

乡名怀玉，奇景堪怜。遂建观宇，芟茅垦田。植桑栽枣，种蔬引泉。

斋堂厨舍，正殿巨轩。门垣仓廪，碓磑果园。驼峰矗北，上乐在前。

单凤东山，云锁翠巅。太行曲抱，林麓无边。鸣鸡吠犬，村落延连。

人游至此，尘虑忽蠲。黄冠被褐，地上之仙。朝夕香火，诵声琅然。

祝延圣寿，天子万年。丰碑载文，巨字深镌。教门宗派，造作因缘。

以示后人，继住勉旃。

大元至元二十八年岁次辛卯二月初七日

通和大师本宫提点举师田德进、法师张德善并知副宫等立石

采石提举司管勾吕政、提控李源　　独树张彬刊

资德大夫遥授尚书右承行大都留守司达鲁花赤、兼武卫亲军都指挥使司达鲁花赤、兼大都屯田事领少府事大功德主段公

碑刻说明

元刻。在辛庄村隆阳宫。

碑文考释

始建于金代，原名灵泉庵，为三祖张信真弟子赵希元所建，创建时间约在金明昌之际（1190—1196）。蒙古太宗三年（1231），五祖郦希诚（碑中作希成），经中山，过易水，至奉先县之怀玉乡，即今大石窝镇，爱其山奇地秀，于是在灵泉庵旧址上，创建道宫一座，郦希诚命举师王德昌领院门事，此后年年兴工，扩建宫观，圣像殿、方壶、斋堂、厨舍，先后落成，"田野仓廪，蔬圃水碾，井池碓磑，至于马牛之厩，莫不完置"，势都儿大王赐名隆阳宫。

势都儿，移相哥之子，其祖父拙赤合撒儿是成吉思汗的二弟，小成吉思汗两岁，臂力过人，英勇善战。在拙赤合撒儿诸子中，移相哥战功最为显赫，太祖二十年（1225），太祖成吉思汗特为他立石纪事。移相哥在忽必烈与阿里不哥争位时站在忽必烈一边，因而在元朝，其后裔一直受到优遇，其子势都儿虽参与乃颜之乱，势都儿之子八不沙后来仍被封为齐王，其后人世世袭爵，至于元末。

真大道教八祖岳德文，为怀玉乡本地人，自幼入隆阳宫出家，师从五祖

72

郦希诚。

至元二十八年（1291），八祖岳德文掌教，立《重修隆阳宫碑》记述始祖无忧子刘德仁、五祖郦希诚生平，及郦希诚修建隆阳宫经过。元英宗至治二年（1322），英宗硕德八剌，特加赠刘德仁为真大道教始祖，镌《大元加赠真大道教始祖刘真君之碑》，立于隆阳宫中。隆阳宫历代碑刻还有明隆庆六年《重修隆阳宫碑记》、清乾隆三十一年《重修隆阳宫施买香火地碑记》、清乾隆三十一年《重修隆阳宫大殿建立禅堂成砌群墙置买并施舍地亩等事序》。

隆阳观创建者五代祖郦希诚，妫川水峪人。水峪，在今北京延庆境内。出生那天，祥光满室，金末道业已隆，元初，为教门举正，阐教山东。四祖毛希琮病重，把他紧急召回燕京，他承袭法统，是为五祖。郦希诚拂袖而去，隐居深山，慕道之徒，翕然而从，巨观小庵，四方有之。相传他在泰安州布道，途经郡邑歇脚时说："我不到泰山不会下雨。"当时，正值夏季，官吏深信不疑，礼送郦希诚赶往泰安。寂然老人从行，听到这话，对举师田德进说："师父的话，不是有点过了吗？天道幽远莫测，怎么可能这么绝对？"田德进说："师父以至诚之心感应不测之事，我辈怎敢妄加评断！"

郦希诚赶到岱岳观，召来观主，对他说："赶快接行李进殿，只怕雨来了没雨具！"郦希诚在方壶之西，面西北立，以棕扇蔽面默默祷告，只见一片云自西北而起，须臾密布长天，雷鸣电闪，注雨倾盆。郦希诚在方壶中坐下，挥扇一指，雨顷刻停了下来。他对众人说："这个弟子不信我的话，有他的道理。贫道曾起夜，不知鞋子在哪，问侍童找鞋。可是，他又怎知天道必应呢？我以至诚恳祷而获应，这是苍天许教门畅行呀！"道众再拜认错。

在岱岳观住了几天，郦希诚到泰山的白龙潭游玩，站在潭东，面西而立，默默祷告，但见水面有光出现，最初像盘子一样大小，渐渐地像个巨大的车轮，舒张不已，潭周山壁林木，辉彩灿明。郦希诚说："可以了！可以了！"忽然盘卷着腾身而起，离潭水几尺高，一头沉入潭中不见了。恰巧有一个砍柴的爬到树上，看到了，此人奔跑下山，把看到的告诉州里人。第二天，州官衣着整齐前来拜见，为礼数不周致歉。郦希诚从泰安返回，所到之处，扶病抱疾的人，求治而即愈。蒙古宪宗时，郦希诚居燕城（后之大都）天宝宫，受到宪宗的赏识。宪宗赠教名为"真大道"，授他太玄广惠真人，郦希诚"化因以洽，南通河岳，北极燕齐，立观度人，莫知其数"。宪宗九年（1259），郦希诚病逝天宝宫，阐教36年，享寿七十八岁。

此碑留下了大石窝镇最好的开采汉白玉信息，碑末署名有"采石提举司管勾吕政、提控李源"，吕政和李源，应是元代建大都时采石官员的名字。

碑阴

尊宿师德名号：重修隆阳宫举师清真大师阎希和，举师通真大师石有室，法师于有昌，举师清真大师王德昌

诸各真大道教门举正兼大都路都举师赐紫清和大师王德道，宣授诸路真大道教都提点清真大师刘德川，宣授诸路真大道教提点崇真演道大师赵德祥，统辖诸路真大道道教所知书葆真大师赵清琳、知书武进荣

大都路举法师名号：顺州举师屠德用，大兴县举师李德惠，昌平县举师刘德顺、法师何德清，涿州道正法师宋德宜，房山县太阳宫提点法师李德山、房山县威仪黄德元，固安州道正法师张成禄，范阳县龙泉观法师张成善，雄州道正法师赵德兴，易州举师阎德闰、举师梁德用，易州道正李德广，大都路前道录崇教冲和大师陈德元，前道判广善大师杨德闰，前道录葆真大师刘成和，前道录葆真大师马成善，道判李成仙

大都在城天宝宫师德名号：本宫提点法师刘德闰，法师明照大师王德和、尊修□，法师玄明大师王德昌、杨德闰，法师敬善大师胡德定，法师圆明大师陈德元、杨德从，提举沈成仙、高德义，前知宫葆真大师贾成宝、张德元，知宫刘成照、李德秀，副官张清善、赵德用，随教门侍者净明大师刘成法，知客张清渊，侍者姚进善、侍者刘进明、侍者胡进明

本宫道众：宣授临安府道录法师田清志，知宫张进明、白寿童，副宫员进宽、谢真童，副宫兼知客谭进江、丘福章，道士王进明、秦幼童，道士李进良、蔡春童，道士秦进寿、还真童，道士马进道、张禄童、秦福童

癸丑年置买到刘家庄南水碾壹所，道士刘道禅。

附录碑文

民国十七年（1928）《房山县志》卷七艺文《隆阳宫痴呆子来鹤记》：

房山隆阳宫有道之士曰悟性通元清虚养索颐真守静法师陈风便先生，号痴呆子者，宣德四年三月庚申羽化。先期沐浴更衣，跌坐，命其徒崔璇珙等曰："太上有云，夫物芸芸，各归其根。吾将返真矣。"又曰："吾没后敛藏，必候鹤至。"举事言讫，神色如平日，瞑目而逝，时年八十有四。是夕异香绕宫，达旦不散。明日，整冠裳入椟。越五日甲子，乃窆元室于本山后原。及期，复有群鹤翔舞蹁跹，久之乃散。后凡举荐扬，每有鸾鹤飞绕于墓，延矗坛所。当时在会清流官民毫倪，目所亲睹，以为灵应。去之三十年，其徒孙陈道暹、胡道真相举究图，乃言曰："先师祖灵应之迹已遗一世矣，既久恐遂湮没无闻，后学何所证谕。"稽首于余，请书其事。余按丹家大道与天地相似，阴阳五行四时之气妙运于两间而中和，则天地位万物育各迎其性而成悠久无疆之化，全真家则体乎此，故乾坤其鼎器，鸟兔其药物，攒簇五行而锻炼之，毂转神运，火候周天，沐浴抽添，还丹既成。而炼形化气，炼气化神，炼神化虚，则其体纯阳，而吾身一天地也。元气一呼，万神咸听，五脏主宰随意，自现方色。舆辇、仪卫、鸾凤、龙虎、狮子、白鹤，皆阴阳纯真精气所成，非外物也。

风便之学全真也，初入武夷山修元范，谨结习，持志既定，云水四方。至山东遇至人李古岩、徐守中授金丹秘诀，行持愈久，工夫纯熟，真灼见不为旁门所移。永乐十八年，至涿州房山县，挂剑隆阳宫，因栖真焉。凡居民水旱疾疫，有祷必应。宣德初，长春刘真人见之，与语善，乃锡今号，自是含和镇璞，育婴息胎，终日如醉。人称之曰痴呆子，但点首而已，亦因以自号，信口吐辞，不越乎道，学者录之，因悟至理。年既及髦，童颜儿齿，步履若飞，常挂铁牌于胸，驱役雷霆，祈祷契勘，持以行事，其应如响，时人目之曰"铁牌陈"。呜呼！道本无为，非迹可求。鹤，道之迹者也。风便之道，混然与造化相同，不系于鹤之有无。其羽化也，顾乃谓道非道，可以拟状。于是形于有迹，欲与学者知所应证，因末求本，苟识其意，返本思之，曰："此特气之变化，则将思充其气、复其精、全其神，天地造化百物皆在吾身，岂有鹤而已哉。"风便，福建邵武人，父官于山东，母黄氏产之夜，梦白衣道人入室。及沐浴，置襁褓，头颅与梦相肖。幼而颖异，不儿戏、不茹荤，稍长辞其亲，入武夷山学道。武夷多仙宅，而卒闻道于山东，其来也有自，其闻道也有由，岂偶然哉。今嗣其派者弟子王常安、李常惠等端志全真，欲觉后觉，以畅斯教，请记兹事，以示来学。

碑文考释

据此记，明初永乐十八年（1420），全真教道士陈风便来隆阳宫栖真，隆阳宫由真大道教传续全真教。碑文详载了陈风便生平和在隆阳宫的经历：

陈风便，号悟性通元清虚养索颐真守静法师，别号痴呆子，福建邵武人。其父在山东做官，母亲黄氏。陈风便降生当夜，黄氏梦见一个白衣道人闯进屋来。待陈风便生下来，洗过身子，放在襁褓里一看，他的长相和梦中的道人非常相似。陈风便自幼颖异，不儿戏、不茹荤。稍大一点，告别双亲，入武夷山从全真道士学道，"修元范，谨结习。持志既定，云水四方"。在山东，遇到李古岩、徐守中，得授金丹秘诀。永乐十八年（1420），来到顺天府涿州房山县，挂丹隆阳宫栖真。凡居民水旱疾疫，有祷必应。宣德元年（1426），长春真人刘渊然见到陈风便，话语投机，赐他"悟性通元清虚养索颐真守静"之号。刘渊然为净明派高道，明仁宗朱高炽赐号长春真人，给二品印诰。与陈风便相见那年，刚刚被明宣宗朱瞻基进封"大真人"。与刘渊然话别，陈风便"含和镇璞，育婴息胎，终日如醉"。人叫他"痴呆子"，他不过点头罢了，后来干脆以"痴呆子"自称。信口吐辞，不外乎道。年届八十，童颜儿齿，步履如飞。经常在胸前挂块铁牌，呼风唤雨，十分灵验，人称"铁牌陈"。宣德四年（1429）三月庚申，陈风便沐浴更衣，盘腿而坐，对弟子崔璇珙等说："太上说过，'夫物芸芸，各归其根'，吾该归真去了。"最后叮嘱弟子："一定要等鹤飞来再将我下葬。"说完，神色如平日，阖目而逝，时年八十有四。

当年傍晚，异香绕宫，直到天亮不散，第二天入棺，丧后五天，卜地隆阳宫后下葬。下葬前，果然有一群仙鹤飞来，翔舞蹁跹，许久才散去。此后，每逢荐扬法事，都有仙鹤在墓地飞绕，然后陆续飞向祭坛的上空。据说当年，无论道士，还是官民老幼，都曾目睹。三十年后，明英宗天顺三年（1459），其徒王常安、李常惠，徒孙陈道暹、胡道真等，请人纪事立碑。

陈风便在房山隆阳宫期间，还参与了明代房山石经的募刻。宣德三年（1428），八十三岁的陈风便与正一道士王至玄以及其他信士官员共同募刻了道教的《玉皇经》。包括《高上玉皇本行集经髓》《太上洞玄灵宝高上玉皇本行集经》《玉皇本行集经纂》《无上玉皇心印经》等四部，共刻石八块，送至房山石经山，贮藏于第七洞，这也是房山石经中唯一的道经藏洞。此经的跋文说：

> 涿鹿山云居寺，有洞室贮释梵之经，殆至万卷，故名是山为小西天焉。夫三界万灵，莫尊于昊天金阙玉皇上帝，玄功妙法载在《本行集经》。正当刻金石，藏之名山，传之万世也。是以至心，各捐赀力，请匠镌刻《经髓》暨《经纂》及《心印经》，共为一卷，凡一千七百四十八字，置诸石室，用彰悠久。所以然者，盖欲仰答天地君亲四恩于万一云尔。时大明宣德三年岁次戊申四月吉日。奉道信官向福善、阮常、就胜等，稽首顿首百拜谨记。同盟助赀奉国将军都指挥同知武兴，奉直大夫工部虞衡员外郎陈孚，迪功郎工部营缮所所副陈道昌，怀远将军指挥同知段义、李实、郭敏、管义，明威将军指挥佥事冀源、黄安，武略将军副千户罗成、万理、王友、张礼；嗣全真教高士陈风便，正一盟威宝箓弟子王至玄字利宾书，信士曾至中、冯本源、章文得、崔景平、李景云、历正善、夏惠机、葛镛、庄文玉、戴道清、朱福惠，镌匠程善刊。

在房山刻经中，陈风便的题名为"嗣全真教高士"。《明史》卷七十四载："（洪武）二十八年令天下僧道赴京考试给牒，不通经典者黜之。其后，释氏有法王、佛子、大国师等封号，道士有大真人、高士等封号。"可见，高士乃明代道教中仅次于真人的封号。而且陈风便的题名为"嗣全真教"，意在承继全真教道统。这在全真教沉寂无闻的明初，可谓独树一帜。

陈风便还有一位弟子叫张常真，道号无为子，蓟州人（今河北蓟县），生于大明洪武十九年（1376）九月二十四日，少习兵书战策，随永乐皇帝北征有功，拜武略将军。历事永乐、洪熙、宣德三朝，官爵显赫，念富贵若浮云。

宣德元年（1426），具本恳辞，乞归林泉，宣德皇帝答应他的请求，由其子张忠袭其爵。张常真布衣蔬食，礼隆阳宫全真道长陈风便为师，得全真要旨。英宗时，张常真与陈风便的另外两个弟子王常安、李常惠入住北京白云观，张常真、王常安同为"主钵"，李常惠为知堂。

晚年，张常真归隐王屋山完真堂（今名天坛）修炼，将隆阳宫一系全真道脉传播到了河南王屋山地区，正统十四年（1449）十一月十六日仙化。

○四一　大元加赠真大道教始祖刘真君之碑

上天眷命　皇帝圣旨

大道由真，一而用固。盛治之攸资，至人以澹泊为宗。矧前闻之足证，庸加宠泽，增赉玄门。无忧普济真人刘德仁，凝神若虚，应物无迹，知性皆本，有混同孔老之间，然言不离筌，终始天人之际，虽深藏而弗售，已妙用之显行，今熙朝允美于象元，肆列圣重光于巽命，是用跻尔仙阶之贵，昭予帝祉之隆，以迓繁厘，以开来裔。於戏，骑日月而游四海，想神驭之如存：官阴阳以遂群生，尚物情之咸赖。祇服茂典，益畅休风。可加赠无忧普济开明洞微真君。

大元至治二年月　日

碑刻说明

元刻。在辛庄村隆阳宫。此碑文为真大道教重要文献。《钦定四库全书》所收柳贯《待制集》卷七有《真大道教祖师无忧普济真人刘德仁加封真君制》，与此碑略有出入，依拓本校正。

碑文考释

真大道教为道教四大教派之一，原名大道教，创于金初，以《道德经》为宗旨，同时汲取部分儒、释思想，立戒条九则：一曰视物犹己，勿萌戕害凶嗔之心；二曰忠于君，孝于亲，诚于人，辞无绮语，口无恶声；三曰除邪淫，守清静；四曰远势力，安贱贫，力耕而食，量入为用；五曰毋事博弈，毋习盗窃；六曰毋饮酒茹荤，衣食取足，毋为骄盈；七曰虚心而弱志，和光而同尘；八曰毋恃强梁，谦尊而光；九曰知足不辱，知止不殆。真大道教道士必须出家。其宫观始称庵，墓称塔，与佛教相似。不讲飞升化炼之术，不尚符箓，不化缘乞食。流传于河北、山东一带。全盛时期，奉其教戒者曾"西出关陇，至于蜀，东望齐鲁，至于海滨，南极江淮之表"。

始祖刘德仁，二祖陈师正，三祖张信真，四祖毛希琮，五祖郦希诚，六祖孙德福，七祖李德和，八祖岳德文，九祖张志清。张志清是七祖李德和的弟子，办完八祖岳德文的丧事，他潜遁山西临汾，后又归隐华山。其间，真大道教由赵真人、赵德松、郑进元三人相继掌教，郑进元临终嘱咐真大道教徒众请回张清志，仍举其为九祖。

若将二赵一郑忽略不计，称张志清为九祖。如果以赵真人为九代祖、赵德松为十代祖、郑进元为十一代祖，那么张志清实为十二代祖。

《重修隆阳宫碑》记载的真大道教始祖和五祖事迹较详，现参阅其他文献记录如下：

真大道教始祖刘德仁，号无忧子，沧州乐陵（今属山东）人。生于北宋宣和四年（1122）正月十八日，自幼丧父，金皇统二年（1142）冬十一月十六日，天快亮的时候，像是在做梦，又没做梦，见到一个老者，须眉皓白，坐着青轻车来到他跟前，传授他"玄妙道诀"，然后离开。他因而创立真大道教，自河北传到山东，产生极大影响。大定七年（1167），金世宗召见刘德仁，令其住持中都天长观，赐号"东岳真人"，真大道教传播至今北京及其周围。刘德仁居住的天长观，就是后来的长春观即今白云观。大定二十年（1180）二月十六日，刘德仁羽化。刘德仁前后行教38年，住世五十九载。

刘德仁羽化74年后，蒙古宪宗即位之四年（1254），宪宗皇帝特降玺书，赐名真大道教，真大道名称从此确立。至治二年（1322），元英宗加赠刘德仁为"无忧普济开明洞微真君"，立《大元加赠真大道教始祖刘真君之碑》于辛庄村隆阳宫内，碑额篆书"大元加赠真大道教始祖刘真君之碑"，以额代题。此时，距刘德仁羽化已经142年。

元中期的至治二年（1322），之所以将加赠始祖刘德仁的圣旨碑立在隆阳宫，足以说明，隆阳宫在当时实为首屈一指的真大道教圣地。

○四二　重修隆阳宫碑记

赐进士第奉议大夫光禄寺少卿前南京湖广道监察御史印石尹校撰文

赐进士第奉直大夫山西太原府知府前南京户部郎中小亭高应春书丹

燕京之西房山邑大石窝，其山嵯峨崎岖，峰岭翠秀，诚风气攸钟，为仙家悟真所也。前代帝王游观于斯，罔不奇之。且其所产皆为白玉巨石，我国朝爱其美材，咸取为殿宇资。其地有宫名曰隆阳宫，建于大宋间，奉敕重修于历代者，不知其凡几也。上祝国家无疆之休，下导斯民作善之路。且内多修真养性之士，而得道飞升与大显化医人者，殆不可以枚举矣！

迄嘉靖癸卯岁季夏，黑风起自西南，雷电迅惊，焚其殿宇，延及两庑，一时皆为煨烬。而鬼神无所依，信善无所礼，使修治无人，则古迹尽为离黍矣。于是神力显应，动感善人崔章与其族兄崔宣等同输己赀，役建正殿，其后殿建完，而章已逝，俟有大石窝厂陈君旺等续造抱厦三楹，而规制为之可观。隆庆五年六月，内钦差提督山场内官监太监杨公得建醮宫内，见圣像素白未妆，两壁墙阶未饰，于是与掌厂官陶君平各捐己俸，且以大事非孤立所能成也，乃缘募众善，哀多益寡，克济乃事，不终岁而栋宇辉煌，堂阶□奕。凡诸供仪，莫不焕然一新，容可不勒名以记其盛哉？我知作善降之百祥，致福本于一德，公等虔诚修建，发已有，则其善与德岂浅浅哉！是以神天默佑，使之万祚骈臻，嘉祥毕集，享廪禄于无穷，获寿考于未艾。而勒名于石，流芳万古者，夫岂倖致也耶？虽然，人情靡不有初，鲜克有终。诚使为善之心终始如一，久暂不逾，则其享福寿于今日者，将享及于子孙矣，夫岂止于一世而已哉？予敢以是为劝善之一助云耳！

地主张玠、张□、张□、张玉仕、张玉仁　石匠杨进孝镌

时大明隆庆六年岁次壬申夏四月吉日立石

大石窝司椽前工部文思院副使古忱雷诏篆额

碑刻说明

明刻。在辛庄隆阳宫。嘉靖癸卯，即嘉靖二十二年（1543）。

碑文考释

据此碑，嘉靖二十二年（1543）六月，黑风起自西南，雷电迅惊，隆阳宫正殿着雷起火，大火蔓延到两边的庑殿，三百余年的古老道观，瞬间化为灰烬。辛庄村人崔章和族兄崔宣捐资重修隆阳宫，正殿、后殿建成，崔章不幸病逝，于是大石窝厂陈旺等人续造抱厦三楹，隆阳宫规模初整。隆庆五年（1571）六月，钦差提督山场内官监太监杨得建醮宫内，见圣像素白没有着彩，两壁墙阶也没有绘制壁图，和石厂掌厂官陶平捐出俸钱，又募化善信，将工程收尾。

碑阴

重修古刹隆阳宫施财众善芳名

钦差提督修理天寿山长陵等项工程内官监管理太监王通

钦差提调山场督理工程内官监金书太监杨得

大石窝掌厂内官监右少监：陶米、田赋、陈旺、张谦、傅畸。车户：陈得仿、刘禄、刘明、□承惠、马章、马其、刘青、周三、全栾、王宗保

内官监右承等官：陈佐、李平、杨玘、王朝、张禄、郭盛、信官

周口厂掌厂内官监奉御于豹，周口厂善人：王逊、张贤、刘铎、刘料、蔡马、陈龙、李钦、张汝正、陈虎、桂文、刘练、朱世明、傅寿、谭成、张洪、□四、白希有、徐贵、王圮、马增、曹龙、苗万仓、陈智、陈住、张大金、浦龙、曹虎、李明道、刘经、王相、李现、莫虎、张安

国子监太学生张汝楹，廪膳生张培龄、崔汝官，庠生庙桂、李九毕、崔儒

房山县耆英崔宜，巡检全万良，信官崔谦、崔堂、杨汝山、杨汝栋、杨城

独树善人：何谦

新庄村善人：崔明、任洪、王□、文宁、仝浩、高奉、陈春、张其、孙□良、崔阳、崔寅、崔进、崔宥、崔实、崔汝实、崔汝寀、金万财、崔相、崔金、崔汝友、崔虎、王堂、陈放、陈□、景明、景成、范隆、崔荣、洛进明、王安石、毕景器、韩春、杨礼、付林、李贵、崔久、崔永、李宗祥、崔豹、周宗仁、崔奈、□桓□、张景、崔云、崔仓、崔笼、崔意、王□□、王廷宦、刘廷、高显、赵臣、傅得

高家庄善人：高盒、高万益、高禄、高镇、高□时、□□□、任榛、裴万良

上乐村善人：许□、田大宽、许宗礼、田明用、许宗智、田自相、许宗益、田自新、许宗周、赵万长、张佩

官厅内善人：王栋、张经、李禄、李□□、韩马、韩堂、马时、丁敖、陈仲儒、刘镇住、刘名、□□□、谷浩、□□、陈计政、吴泽、陈仲魁、陶金、王保、李信、梅志文、张□、王天禄、桂顺、朱仓、李自然、王明、曹瑧、刘章、王仲仁、李奉、安戎、孙周、王秉义、李用、王章、仝江、李□文、宋水、杜万仓、杜万金、崔廷善、李禄、陈儒、秦举、刘顺、陈孝、李田

大石窝匠头：杨连、冯定、王来、马定、王来、黄勋、马宁、崔汝通、王世美、苑大金、尹堂、周希贤、尹禄、杨计宗、王堂、梁大金

石窝店善人：张汝楫、李宗禹、陈来、曾文□、庄自安、杨□、胥仲文、陈怀玉、樊贵、王洪、杨保、杨仓、牛朝臣、张学、刘仓、杨世威、孙奉、董官、李伯千、秦荣、马印、张臣、张茂、张得玉、梁仓、张寅、秦学、李晰、李江

铁匠营善人：蒋富、蒋保、赵寀、王斌、尚明用、郭禄、李良、孙才、刘述、刘京、赵儒、刘朋、梁□

隆阳宫住持李大智，徒弟子傅清禄、张一鸾、陈一贺

福胜寺住持宗利、深□，关帝庙僧人真用

信女：张氏善惠、王氏善云、孙氏惠连、吴氏善得、李氏金栾、隗氏金淑、郭氏善得、张氏善果、王氏金来、崔氏金贵、丁氏善甫、杨氏金良、李

氏善敬、王氏善明、刘氏善元、沈氏金钱、张氏进才、木氏淑奉、李氏善春、王氏善保、田氏金云、任氏金祥、张氏金英、王氏金淑、谢氏善春、张氏善明、刘氏玉宝、宋氏金奉、王氏善江、蓝氏善聪、闫氏善成、赵氏善强、赵氏妙贤、云氏金秀、刘氏金元、刘氏金平、崔氏善保、崔氏善贵、仝氏玉栾、杜氏金贵、杨氏金保、杨氏金名、汪氏金秀、孙氏金良

功德主男崔天宇、崔天宜，助缘道人曲大明、邢大仁、陈进

大明隆庆六年四月十一日立

碑刻说明

碑阴记录众善信芳名，为研究明代宫廷采石和当年大石窝镇社会状况提供了重修史料。

碑文考释

据碑阴，隆庆六年（1572），例行修缮明成祖文皇帝朱棣天寿山长陵，到大石窝石厂采厂，内官监管理太监王通任"提督修理"。"提调山场督理工程内官监佥书"即在大石窝现场督采的，为内官监太监杨得。大石窝掌厂的，为内官监右少监陶米、田赋、陈旺、张谦等。文中还记载了车户、匠头和铁匠营善人，车户是负责石料运输的，匠头是石工领班，铁匠营是管理铁匠劳作的。当年，除了在大石窝采石，还在房山城西的周口店西山设立石厂，即周口厂。石窝店，即石窝东店和西店。碑文不提石窝村，而提官厅和石窝店，证实当年未有石窝村。

捐资善人除辛庄外，还有独树村、高庄村、尚乐村。当年，高庄，写作高家庄，辛庄写作新庄，尚乐写作上乐。

碑文留下了当年辛庄寺观僧道的名号，十分珍贵，如隆阳宫住持李大智，徒弟傅清禄、张一鸾、陈一贺，福胜寺住持宗利、深□，关帝庙僧人真用。

文末留下"善""金""玉""妙"字辈，44位信女的法号，表明当年大石窝镇乡间佛教信仰的盛行和佛寺的兴旺。

○四三　重修隆阳宫施买香火地碑记

房山县增广生员崔慰霖篆额

儒学生员许之蕙书丹

石商李天位舍地贰拾亩，坐落隆阳宫正西。

钦工石商于跃汉舍地叁亩，坐落隆阳宫西南。

岩上村张姓等舍地拾捌亩，坐落煎饼湾村北，东南西北俱至地荒隔。

买地贰拾余亩，坐落舜王庙东北，总换石窝村真武庙地拾八亩，坐落在隆阳宫山门前。

买地九亩，坐落煎饼湾村北，四至俱至地荒隔。

买地五亩，坐落峪儿沟，东至地隔，西至隔子，南至官道，北至塘口。

以上所有施舍地亩并买地亩，俱系独树里四甲册粮地四亩，独树里七甲地拾五亩。

公买香火地契并施舍地契，在本庙住持僧人常河收存，惟恐任意失落，勒碑刻名，书其年月纪其姓氏，以为千古不朽云尔。

外有隆阳宫西北角所开荒坡地十亩有余，本年总季富心达向张姓篦商施在宫内，东至五佛堂，南至本宫，西至荒坎，北至荒山。

时清乾隆三十一年三月中旬吉立

隆阳宫住持常河

石匠善人刘长宗镌字

碑刻说明

清刻。在辛庄隆阳宫。拓片通高 160 厘米，宽 75 厘米。碑额双勾题"万代流芒"。

碑文考释

这是一件有关隆阳宫香火地的碑刻，此碑记载了隆阳宫购置香火地情况及所获施舍香火地情况。石商李天位、于跃汉，岩上村张姓，共舍地三段，四十一亩，分别坐落在隆阳宫西、隆阳宫西南和煎饼湾村北。买地三段，一段二十余亩坐落舜王庙东北，和石窝村真武庙在隆阳宫山门前十八亩对换。一段九亩，坐落煎饼湾村北，另一段五亩，坐落峪儿沟。共计施买香火地七十三亩，地契在本庙。据乾隆三十一年（1766）五月《重修隆阳宫大殿建立禅堂成砌群墙置买并施舍地亩等事序》，施地在乾隆十五年（1750），买地在乾隆二十六年（1761）。

此碑记述疏略，故两个月后再刊《重修隆阳宫大殿建立禅堂成砌群墙置买并施舍地亩等事序》。

○四四 重修隆阳宫大殿建立禅堂成砌群墙置买并施舍地亩等事序

乾隆拾伍年分石商于跃汉采办钦工所需用石料，工程繁急，无处开采，凭说合人李君茂、孟津汉在本庙大殿后刨塘口一处，昼夜开采石料，急公上用。汉情愿施舍资财，重修大殿二层，庄严圣像。建立东西禅堂四间，并施舍香火地叁亩，坐落隆阳宫正西，东西南俱至荒隔，北至塘口。

石商李天位情愿施舍资财，成砌群墙，并施舍香火地二十亩，坐落隆阳宫正西，东西南北俱至荒隔。

岩上村张姓等情愿施舍香火地拾捌亩，坐落隆阳宫正南，东至小道，南至武姓，西至武姓，北至本庙地隔。

乾隆贰拾陆年分，岩上村张之琳等，石门村邢国辅等，高家庄高必达、高廷志等，上洛田自修等，辛庄村崔慰霖等，上五户人等切因隆阳宫群墙外原有枯柏树贰棵，惟恐日久损坏，公同商议售卖办公，然而俱不敢擅动，高必达、高廷志并五户人等偕同赴县禀明情由，蒙仁明李太老爷恩准，面谕"尔等既云枯树售卖办公，作价银叁百两方许售卖，以公济公"等谕在案。遵谕办理，五户人等将群墙外枯柏树贰棵，卖银三百两，即会同明见人赵邦正、李君茂、梅丰父公同商议，众口一词，置买地亩，以为永远香火地。立地坐落四至开列于后：

85

买地贰拾余亩，坐落舜王庙东北吴家坟。东至隔子地，南至高姓，西至杨姓，北至沟。此地与石窝村西真武庙兑换地拾捌亩，坐落在隆阳宫山门前便是。

买地伍亩，坐落峪儿沟沟口西边。东至隔子，南至官道，西至隔子，北至塘口。

买地九亩，坐落在隆阳宫正南。东至小道，南至本庙隔，西至武姓，北至本庙地隔。

典地九亩，坐落下营村东北。

以上地亩俱系卖树银两典买，并各姓氏施舍地亩，勒碑刻记。置买地契并施舍地契俱是本庙住持常河收存，系独树里七里册粮拾亩七分，独树里八甲册粮伍亩九分八厘。照数交纳，耕种焚修，以为永远香火之资，千古不朽云尔。

隆阳宫住持常河

高廷宰书序

时大清乾隆叁拾壹年伍月中旬吉立

施工石匠高廷儒镌字

碑刻说明

清刻。在辛庄隆阳宫。拓片通高160厘米，宽74厘米。碑额正书"因果不昧"。

碑文考释

碑文记载："乾隆拾伍年分石商于跃汉采办钦工所需用石料，工程繁急，无处开采，凭说合人李君茂、孟津汉在本庙大殿后刨塘口一处，昼夜开采石料，急公上用。"

考清史，乾隆十五年（1750）分石商于跃汉在辛庄村创塘口采石，营建清东陵的乾隆裕陵，裕陵始营于乾隆八年（1743），乾隆十七年（1752）告竣，历时九年，耗银二百零三万两。乾隆十五年（1750）是营陵的第八个年头，裕陵竣工的前两年，正是营陵的关键阶段，所以说"工程繁急"。作为分包商的于跃汉，苦于无处开采，好在经李君茂、孟津汉说和，隆阳宫僧人常河同意在隆阳宫大殿后开创塘口，解了燃眉之急。于跃汉"昼夜开采石料，急公上用"，足见工程之紧急。作为回报，于跃汉施舍资财，将隆阳宫的两层大殿重修，曾建东西禅堂四间，并施舍香火地三亩，坐落隆阳宫正西。石商李天位，施舍资财，砌筑院墙，施舍香火地二十亩，坐落隆阳宫正西。岩上村张姓等施舍香火地十八亩，坐落隆阳宫正南。

乾隆二十六年（1761），岩上村张之琳，石门村邢国辅，高家庄高必达、高廷志，上洛田自修，辛庄村崔慰霖等五户人，见隆阳宫墙两棵柏树枯死，唯恐日久损坏，商议售卖办公，特赴房山县衙，向知县禀明，"蒙仁明李太老爷恩准"，依照知县的指示，将柏树卖银三百两，与见证人赵邦正、李君茂、梅丰父商议，用三百两银子置买香火地。买地二十余亩，坐落舜王庙东北，与石窝村西真武庙兑换地十八亩，坐落在隆阳宫山门前。买地五亩，坐落峪儿沟沟口西边。买地九亩，坐落在隆阳宫正南。

此碑记载于跃汉、李天位、岩上村张姓等施地事、买地事，与清乾隆三十一年（1766）三月《重修隆阳宫施买香火地碑记》所记施地人、施地亩数，买地亩数一致，故为同一件事记于两件碑刻。

比照两碑，此碑比前石晚两个月立，比前碑为详，前碑没有记载重修隆阳宫事及起因，亦未载隆阳宫置买香火地资金来源。此碑载"典地九亩，坐落下营村东北"，前碑未见。

前碑载："系独树里四甲册粮地四亩，独树里七甲地拾五亩。"此碑载："系独树里七里册粮拾亩七分，独树里八甲册粮伍亩九分八厘。"

前碑载："外有隆阳宫西北角所开荒坡地十亩有余，本年总季富心达向张姓篾商施在宫内。"此碑则未载。

〇四五 敕封三界伏魔大帝关圣帝君庙记

分守通州等处地方防漕州将都指挥使都人苏文衮熏沐撰

房山县儒学生员田彻书丹

盖闻太上立德，其次立功立言。流芳遗善，历数而常存，莫过于斯。今房邑西南独树里新庄村西隅向东，原有关圣殿一楹，规模隘小，岁久倾圮。圣贤繇王进帝，本村题授文思院副使崔君讳汝济者语佺省祭，应化暨应泽曰：圣帝尊崇，此地亵隘，不足以崇奉。乃择地于村东首建正立殿，而应化、应泽并建三元圣殿一楹，合村众善，立门设壁，焕然一新。乃捐资舍地贰拾壹亩，过割钱粮以为司香火费。但委经房患，仰藉神力赖以保全。乡耆崔君讳汝海，又于本村西北山隅创开石洞，深邃宏远，可避房难。今隆阳宫道士兼本庙住持陈守信者，恐岁久善泯，建石勒言，以永善行，以志不朽。亦立功立言之意云尔。

虫王庙，应泽又舍地一亩五分。

本村，应泽舍庙基地五亩二分，东西至崔府春，南至道，北至□□。

又南北地四亩，东南至崔光明，西至崔永惠，南至徐正昆，北至地□。

尔扬舍南北地拾亩五分，东至崔光明，西至崔中□，南至张坊里，北至□□玉。

石门村高自友舍南北地五亩三分，东至道，西至徐正昆，南至崔应期，北至艾孝。

大明崇祯十三年岁次庚辰孟冬上吉立　镌字邵世良、陈京

碑刻说明

明刻。在辛庄村关帝庙。拓片通高 145 厘米，宽 69 厘米。碑额正书"鼎建圣帝庙碑"。

碑文考释

"三界伏魔大帝"，明万历四十二年（1614），明神宗给三国蜀将关羽的封号。

据此碑，关帝庙原在辛庄村西，只有一间殿宇，规模隘小，岁久倾圮。辛庄村题授文思院副使崔汝济，以地势狭小，择地于村东重建，其佺应化、应泽并增建三元圣殿一间，合村众善，合力建山门影壁。又捐资舍地二十一亩香火地。

碑文称"委经虏患，仰藉神力赖以保全"，记录下明末清兵突入关内，窜至房山境内骚扰。乡耆崔汝海，在本村西北角的山上创开石洞，深邃宏远，以避战乱。

据碑文，明崇祯关帝庙重修后，由隆阳宫道士陈守信兼本庙住持。

○四六　重修关圣帝君庙碑记

盖闻人之所当奉者以神为尚，而神之所式之者以庙为依。庙者貌也，所以仿佛神明之容貌也，故事神者必先修庙。矧关圣帝君神威赫赫，为一方之保障，圣泽威灵，当万世之匡扶，尤为人之所宜钦崇而供奉者也。兹房邑新庄村西北鞍子口，旧有关圣神祠三间，其创建不知始于何年，重修亦未详其几次，在今日久土湮，栋宇倾圮，神像晦暗，新庄、北尚乐、广禄庄三村首事人等不忍坐视，遂募赀财共助盛举，以及附近村区，亦乐输赀以佐不逮。于是鸠工庀材，率作兴事。经始于同治癸酉初春，不及旬而轮奂聿新。工已告竣，特叙其事以志之。

涞水县学生员温玉衡撰文

新庄崔文雄书丹

经理人：崔富泰施钱拾壹吊，朱明施钱拾壹吊，崔文明施钱捌吊文，崔文和施钱捌吊文，陈建功施钱柒吊文，方同施钱伍吊文，崔明泰施钱叁吊文，王德馨施钱叁吊文，马秉宽施钱叁吊文，曹咸一施钱叁吊文，赵连城施钱叁吊文，崔兴楷施钱四吊文，杨景文施钱壹吊文，张永施钱壹吊文

住持绪舟助钱拾贰员

大清同治十二年仲夏月榖旦立

匠人王邦吕镌

碑刻说明

明刻。在辛庄村西北鞍子口。拓片通高136厘米，宽66厘米。碑额正书"万古流芳"。

碑文考释

同治癸酉，即同治十二年（1873）。

据碑载，新庄村西北鞍子口有关圣神祠三间，创建年代不详，日久土湮，栋宇倾圮，新庄（辛庄）、北尚乐、广禄庄三村首事人等不忍坐视，募资重修，附近各村捐资佐助，同治十二年（1873）一月兴工，不足十天告竣。

碑阴

石亭镇公施钱叁拾千，孤山口、两中院公施钱叁拾千，后石门公施钱十六千，五侯村公施钱拾千文，次楼村公施钱一千文，官仙营公施钱四千文，南正村公施钱四千文，惠南庄公施钱叁千文，六甲房公施钱叁千文，天开村公施钱式千文，北甘池公施钱壹千五，酸枣庵、两秧房各公施钱壹千五，北鲁坡公施钱□千文，南鲁坡公施钱式千文，泰和堂公施钱拾四千，兴顺公施钱五千文，石窝村公施钱五千文，六公柜施钱叁拾千，周启儒施钱拾千文，周启礼、高自□、高家庄各施钱千五，唐宝施钱叁千文，公顺永施钱四千文，长正合施钱叁千文，辛庄公施钱式千文，长沟公施钱式千文。

[前]石门：邢珉坡、邢霖皋、邢柏山、邢景奇、邢景明、邢同、禹太。半壁店：高仲和、鞠峻□、鞠峻成、宋清、顾文明。[后]石门：邢举元、邢景运、邢景太、许重、张□□。石窝：成□□、宋福、宋祥、宋金、张赵强。岩上：张连珠、张宏勋、张宏谟、张宏全、张进城、王克昌、高广祥、邢景、□□福、郑□、施鹿锡、赵珍张、孙□堂、孙□堂、孙□。南河村：隗大中、邢景春、周贵、三自贵。下滩：王正宽、喻祥、喻瑞、于建和、李桂明、周忻、周喜、郑□明。冯村：贾田喜、吕□、董□礼、徐春、杨成才。北上乐：杨廷楷、杨天寿、赵连城、赵□□、张□成、冯□□、王永基、杨成栋、李振才、李振旺、李□□、李□□、李□□、隗志远、隗志中、李□芝、刘正君、□□□、尹殿荣、李□、□春、□连升、李□安、程龙、高连、高□、张永旺、苗立金。王家庄：王步相。郑家磨：马佩翔。岩上：张文□、张□□、张廷逵、张廷远。石窝：温玉衡、宋斌玉、陈庭相、

石进德、恒顺□□、周元奎、隗志和、隗志信、王治、周闰。独树：赵常□、赵成文、赵成顺、赵尚义、赵德□、赵□、□景□。陈家凹：方□、方□、□华、杨宗文、□安、庐□□、庐□崑、□渝、□裕、张□、□□□、张□文、赵宗□、赵廷□、□□□、□□□、□□□、□□□、□用、□□、□林、高德、梁富、□□□、□□泰、□□□、何江、□□□、□□□、□□□、□林、□□□、□□顺、计士明、□□□、□□□、□□惠、□□德、□福、□士恭、仝□□、陈□、田□□、田启□。以上各施钱壹千文。朱□、□□□、杨□坤、杨□荣、□□□、朱天祥、王见福、王邦本、王邦伯、□□□、周启山、周启□、□□顺、周德玮、周德瑞、周玉、周□□、□□□，以右各叁仟五百文。高□山、高凤来、周启基、□德顺、永顺成、□□□、□□□、□□□、□□□、张浩、张□□、张凤□、刘□、段□□、徐□、陈有德、王□连、□□□、□□□、□□□、□□□、□□□、□□□、□□□、□□□、□□□、□□□、□□□、王□□、王珍、□□□、史□□、□□□，以上全施银叁两。

本邑辛酉拔贡邢景耀

碑文考释

据碑阴，当年捐资助修者涉房山、涿州、涞水三县32村，1镇。

涿州6村：冯村；北鲁坡；南鲁坡；官仙营，今观仙营；东秩房，今东秩坊；西秩房，今西秩坊。6村今属河北涿州市百尺竿镇。

涞水1镇：石亭镇。

房山县26村：石窝村、辛庄、岩上、前石门、后石门、半壁店、下滩村、南河村、王家庄、郑家磨、独树村、惠南庄；高家庄，今名高庄；北上乐，今名北尚乐。以上4村，今属房山区大石窝镇。孤山口、上中院、下中院、五侯村、天开村5村，今属房山区韩村河；次楼村，今石楼镇大次洛村。长沟、南正村、北甘池、六甲房、酸枣庵5村，今属房山区长沟镇；陈家凹，又作陈家洼，即广禄庄村，今属房山区张坊镇。

因有些碑文模糊不清，故实际捐资村镇还有一些。

捐资商号有泰和堂、兴顺公、六公柜、公顺永、长正合等5家。

○四七 大悲心陀罗尼经幢

大悲心了陀罗尼曰：（以下为梵文）

智炬如来破地狱真言：（以下为梵文）

碑刻说明

金刻。在辛庄村鞍子口石佛寺遗址。拓片高 57 厘米，通宽 109 厘米。此幢仅刻 7 面，前 6 面为梵文《大悲心陀罗尼经》，第 7 面附《智炬如来破地狱真言》。

此幢说明，在金代辛庄村出现不久，位于辛庄村西的鞍子口就创建了石佛寺，该寺仅存遗址。

○四八 鞍子口药王庙碑

尝闻大道何亲，惟德之亲；鬼神何灵，因人而灵。今有房邑鞍子口药王庙，其来久矣。因东西禅房原有旧制，乃以年湮代远，风雨倾颓。有本邑善士不忍坐视，倡为领袖，共捐赀财，重修东西禅房，修补正殿以及山门。将见宜朴宜华，杳无尘□之俗也。虽非美仑美奂，有太古之遗风。气象一新，规模宛在，庆流奕世，功在当身，永著芳名，以垂不朽。

涞水县增广生王世楫撰文

房山县举人邢天一书丹

嘉庆拾壹年季夏月日立

碑刻说明

清刻。在辛庄村西北鞍子口。拓片通高 148 厘米，宽 62 厘米。碑额正书"万代流芳"。

碑文考释

据此碑，辛庄鞍子口有药王庙，嘉庆十一年（1806）重修东西禅房，并修补正殿和山门。

碑末记载下南正、北尚乐、辛庄、高家庄（今高庄）等村捐资人的姓名和金额，已模糊不清，难以辨认。

○四九　重修鞍子口灵应药王庙碑记

庙祀之设由来旧矣。国朝正祀载在会典，凡正直明神御灾捍患，洎造一切物，制一器有功于民者，皆祀之。其有祀典不载而福庇一方，祈祷响应，则亦听民之自为立庙，俾岁时祭享，各至其诚。所以重民命、顺民情，为民造福也。鞍子口药王庙，前明时已著精异，迄于本朝灵应尤显。乃自嘉庆与道光重修之后，漂摇风雨，渐即倾颓，四乡之人怆耳目焉。爰纠集众善，捐赀鸠工，使缺者补之，旧者新之，栋宇檐楹，焕然生色，用以答神明福佑之庥，继前人创修之志，而于国家崇祀之典亦庶几为不悖也。是为记。

涞水县拔贡吴锡珍撰文

房山县贡生崔镇山书丹

经理人：崔文奇、崔文隆、崔文锦各助钱拾吊，温如玉助钱肆吊，许文亮助钱贰吊，杨赞元、赵辅臣各钱壹吊五，戴仁、方塘、崔仕杰、高凤书、李树花各助钱叁吊，崔景山、王桂荣、赵同山、李顺、温泰衡、马殿祥、戴克祥各助钱壹吊，崔名义、崔仕勋、崔仕零各助钱壹吊，陈廷玉、宋文亨各助钱五百

镌字人刘杰

住持僧源丛，徒深静

大清光绪二十五年孟夏月榖旦

碑刻说明

清刻。在辛庄村西北鞍子口。拓片通高 132 厘米，宽 60 厘米。碑额正书"永垂不朽"。

碑文考释

碑载："鞍子口药王庙，前明时已著精异，迄于本朝灵应尤显。乃自嘉庆与道光重修之后……"据此，药王庙创于明代，嘉庆十一年（1806）重修后，道光年间（1821—1850）再经重修。至光绪二十五年（1899）"漂摇风雨，渐即倾颓"，崔文奇、崔文隆、崔文锦、温如玉、许文亮、杨赞元、赵辅臣、崔名义、崔仕勋、崔仕零、陈廷玉、宋文亨等捐资重修。

当年庙中住持僧人为源丛，徒深静。

○五○　戴毓珍妻成氏墓碑

大清宣统三年仲冬月

皇恩旌表节妇戴公字庭秀妻成太君之墓

孝男克谦，妇闫氏，长孙自洲，妇续氏，次孙自清，妇张氏，曾孙雨亭立

碑刻说明

清刻。在辛庄村北戴氏墓地。碑额正书"节凛冷霜"。

碑文考释

戴姓多为辛庄村土著，在明宣德三年（1428）隆阳宫道士捐刻道教石经时就有"戴道清"题名。

此碑阳题阴记，碑阴记立碑者为墓主之长孙戴自洲，赏六品顶戴。

碑阴

从来节妇矢志不移者，无论富室大家，即贫寡励清操，亦宜光昭旌表。无论名城巨镇，即贞媚没僻壤，亦许树碣刻文。考于传记，历代俱有明征，至我本朝而尤视为巨典。况节孝并优乎？房邑西南隅五十里辛庄村北有墓曰成太君之墓者，戴公讳毓珍之妻也。生于道光甲申，于壬寅归。至己酉，戴公卒。当是时，上有翁姑二人，生能奉养，死则葬祭。下有孩提数岁，具善教育成人，名曰克谦。为之娶妻闫氏，生子二人，名曰自洲、自清。凡此皆赖成太君节烈之力也。呜呼！其可传也。同治六年其绅董杨君等禀请邑令书君为行文注册，发给匾额，其文曰：节凛冰霜。光绪十一年，我父又终。迄及廿一年，吾祖母寿终享年七十有二，至戊戌，孙自洲蒙钦赏六品顶戴，时思请立，不幸至庚子，我弟又故。曩时，家事纷纭，未获悬立。至今闫氏同子洲愿心未泯，欲又另建碑石于坟侧，以表吾祖母之节孝焉，亲请涞邑拔贡吴君撰文，庶几得传于后人云尔。

乾山巽向

碑文考释

碑额双勾题"流芳万古"。道光甲申，为道光四年（1824）。壬寅，为道光二十二年（1842）。己酉，为道光二十九年（1829）。戊戌，为光绪二十四年（1898）。庚子，为光绪二十六年（1900）。

据碑阴记载，墓主成氏，生于道光四年（1824），道光二十二年（1842）十八岁嫁辛庄村戴毓珍为妻。道光二十九年（1849）戴毓珍病故，成氏时年二十五岁，上有公婆，下有幼子。成氏将公婆奉养送终，将子戴克谦养育成人，为其娶妻闫氏，闫氏生子自洲、自清。同治六年（1867）绅董禀请房山知县行文注册，发匾额"节凛冰霜"以示旌表。

光绪十一年（1885），戴克谦病逝。光绪二十一年（1895），成氏寿终，虚岁享年七十有二。光绪二十四年（1898），长孙戴自洲赏六品顶戴，本打算为祖母立碑，不幸发生庚子事变，此后成氏次孙戴自清病逝，立碑事因故拖延下来，直到宣统三年（1911），戴自洲和其母闫氏才立碑完愿。

此碑以一家之变故，反映了清末国势。

○五一　戴自清妻张氏墓碑

显次考戴公明斋府君、妣戴母张太孺人墓

兼祧承祀男雨亭率孙学文、赫文敬立

碑刻说明

民国刻。在辛庄村北戴氏墓地。拓片通高 158 厘米，宽 65 厘米。额阳篆书"常怀追远"。此碑阳题阴记。民国三十二年（1943）立。

碑文考释

戴自清，字明斋。祖父戴毓珍，祖母成氏；父戴克谦，母闫氏；兄戴自洲。戴自清无嗣，兄戴自洲子戴雨亭兼祧两门。

戴母张大孺人贤孝贞节碑

自古圣教最重贤孝贞洁，故共姜守义，诗永柏舟，以昭激劝。降及秦汉以后，大则国史，小则县志，凡能修妇道节烈出众者，必采访登入烈女传。富贵之家，子孙贤达，多请旌表棹楔于门间，入祠而禋祀之。抑或悬额立石，于式于后世。至于清白贫苦之家，嫠妇婉姜者，笔不胜书。注注没世，名不宣彰，其咎安在？在乎子孙愚昧无知，不留意于斯耳。念及此，余不禁感慨惜之。最可嘉者有岳族戴君雨亭，世居辛庄村。其本生父讳自洲，甫跃瀛，喜读堪舆等书，戚友遇从者酬应弗倦，意豁如也。其叔父讳自清，甫明斋，不幸短命。其婶母张太君，于二十二岁守节，举一男岁周夭殇。雨亭乃兼祧两门。张太君事奉姑嫜甚孝，待娣姒甚恭，攘养雨亭之次姊如己出。雨亭之长子学文今已受室生子矣，即令其夫妇过院奉养焉。张太君享寿六旬有三，于秋菊月见背弃养。呜呼！戴跃瀛之祖母，节凛冰霜，曾立墓表，余过往墓前恭读回环时，深钦仰之。思今张太君节孝仁慈，四德俱备，能与其祖姑媲美，光耀坤阁。而雨亭拟请旌表，以彰婶母之芳型，奈因时局不靖，于生前时有志未逮，又恐代远年湮，泯没无闻，乃穆卜吉期安葬，树碑墓前，丐余为文以永垂不朽。余虽谫陋，义不容辞，爰提笔。是为记。

房山县教育委员会委员康苠卿撰文

房山县文献委员会委员焦毓桐篆额

古奉先县柳叶长沟居士高金寿书丹

中华民国三十二年十一月吉日立

碑刻说明

在《戴自清妻张氏墓碑》碑阴，额阴篆书"昭永来兹"。

碑文考释

按阴记：戴雨亭，世居辛庄村，生父自洲，字跃瀛，喜读堪舆等书。叔父戴自清，字明斋，早逝，婶母张氏，二十二岁寡居，生一子，一岁夭折。戴雨亭兼祧两门。张氏于民国三十二年（1943）九月病故，寿六十三岁。按卒年推算，张氏生于光绪六年（1880）。

广润庄

在辛庄村南，北拒马河北岸，成村不晚于明。广润庄的历史更多与水相关，明清时期，广润庄地旱缺水，广润即广受润泽之意，表达了先民对水的渴求。

拒马河流经涞水、涿州、房山三地之间，三地乡民屡为河水而起争端，明天启元年（1621），监察院批准拒马河附近的村民可以挑河引水灌溉农田。房山县知县委派王姓典史亲赴铁索崖督挖，直达广润庄，受益最大的便是广润庄，庄上出4800工，除广润庄外，参与挑河的还有北尚乐、南尚乐先民，南尚乐出195工，北尚乐出100工。

早自明初，广润庄是涿州冯氏的庄园，明末的主人是冯铨，明天启元年（1621）之所以有铁索崖挑沟之举，就是冯铨家人冯能告状所至。

冯铨，字振鹭，顺天涿州（今河北涿州市）人，明天启礼部尚书加少保兼太子太保，清顺治宏文院大学士兼礼部尚书。清顺治年间，冯铨曾出资引拒马河水灌溉，便一些高旱之地成为耕田，冯铨家族把垦得的田地租给无地平民耕种，收取地租。冯氏后裔世居广润庄、惠南庄。

冯氏后人与广润庄、惠南庄一场长达半个世纪的争端，也是由水引起。广润、惠南两庄，地势干旱，凿井无泉，故两庄会商，买地挖沟，引拒马河之水，以供两庄之需。清嘉庆二十年（1815）十月、道光十四年（1834），惠南庄冯立伦先后两次把一段近河滩地卖给广润庄、惠南庄，作为挑沟引水使用，由此引发了冯氏后人与两庄的土地纠纷。先是由邻村调解，到民国年间打起官司，最终由京师地方审判厅民事一庭判决，才算终了。

本卷收录广润庄村碑刻10件，其中明（民国复刻）1件、清5件、民国4件。

○五二　冯文敏公颂德碑

尝闻国以民为本，民以食为天，又曰尺地莫非其臣，则是斯土斯民为国家之所□。顺天府涿州房山县广润庄，素为已故内阁大学士冯文敏公之别业□□地□乃□民□□□，文敏公善为国□，已出宦□，户民输力，同□引水，遂成可耕之田。是见聚四方之钱，□孤独无居者委之居，无地者授之地，量其岁之粮收其租。之□□□□而用，听他人建坟，数易其主□□□□坚获珠，受于地□。至雍正二年□月六日，将此地即额定价委租，每石定价银□钱三分，租粮每石定价银四钱□分，本村征收□□。

至雍正十二年，本□□石景山惠济庙因无香火，遂将广润庄魏球名下入官地亩拨给□□□□□□□□□□□□亩，永作香火之需。又起乾隆八年，永定河道侯大老爷不知何意将此□惠济庙住持亮用、真修同取租息需用。乾隆十年，住持亮用又将此地私租与涿州南河村旗人何老兴、王世龙二人，将本年分租银收完，又无□□□□每亩索取清钱一千文，□□□□□□退与本村住民□□□□□□□□□□□。

永定河道小大老爷访闻僧人亮用等，将此地私租何王二姓，索取□□租粮，小大老爷恐后有私自典情，□□□□□□□□□□□工□收此项租息，于乾隆十年十一月□乃□□□□工，王老爷照部详批收租银一佰七十七两二钱□分伍元，完纳本县应完纳钱租银三十二两二钱零四元，外加□银□两九钱三分三元一□，除本县完纳钱粮之外，所有银一百□十三两零六分七元□十三两零六分七元，可转送永定河道存库，给发惠济庙香火之需，俟后永为定例。又值皇上豁免钱粮，蒙小大老爷仰体皇恩，俯恤黎庶，以既豁之钱粮散与众户，□□草进□知不敢□受，目睹本村龙王庙倾颓日久，敢将此惠之银两献诸龙神以为修葺之费，益见□□□神人□龙之休也，谨勒石树德，以志诵颂。

　　时乾隆十三年五月初七日立　　广润庄全造

碑刻说明

清刻。在广润庄。通高149厘米，宽73厘米。碑额正书"万古流芳"。

碑文考释

"内阁大学士冯文敏公"，即冯铨。碑文载："顺天府涿州房山县广润庄，素为已故内阁大学士冯文敏公之别业。"由此可知，大石窝镇的广润庄是冯铨当年在房山县的庄业，今广润庄、惠南庄冯氏，或为冯铨后人。

冯铨，字振鹭，顺天涿州（今河北涿州市）人。其父冯盛明，明万历十七年（1589）进士。授扶沟知县，调莱芜，储谷赈饥。累迁开封知府，升淮徐兵备副使。治河有功，转陕西布政司参政，备兵潼关。筑石堰防涝，民称"冯公堰"，调河南左布政使。冯铨生于明万历二十三年（1595），十九岁中进士，授翰林院检讨。后金陷辽阳，冯盛明任蓟辽兵备道，告病乞休，被熊廷弼治罪下狱，冯铨亦被劾归原籍。天启四年（1624），冯铨求助于魏忠贤，官复原职，冯盛明亦被释放。天启五年（1625），冯铨以礼部侍郎兼东阁大学士入内阁，不久即晋尚书，加少保兼太子太保。次年即罢免。崇祯初赎徙为民。顺治元年（1644）归顺清，以大学士原衔入内院佐理机务。次年，授宏文院大学士兼礼部尚书。顺治十年（1653），其母范氏八十七岁大寿，清世祖特命画工绘范氏像，加宝玺以宠之。

民国十七年（1928）《房山县志》卷三陵墓："清冯铨母墓在东流水，顺治十二年谕葬。"东流水，原属房山区城关街道，后划归燕山街道东流水工业区。

顺治十三年（1656），冯铨加太保致仕，仍留备顾问。顺治十六年（1659），改设内阁，命以原衔兼中和殿大学士。康熙十一年（1672）卒于涿州。谥文敏。冯铨次子源济，和他一样，十九岁中进士，改庶吉士，授编修，迁至秘书院侍读学士，缘事降东城兵马司指挥，迁淮安府山清同知。丁忧，起复授翰林院侍讲，官至国子监祭酒。

据《冯文敏公颂德碑》记载，当年冯铨出资，由当地村民开挖渠道，引拒马河水，开垦荒地，使之成为可耕之田，给没有土地的农民耕种，量其收成收取地租。雍正二年（1724），又将这些地定额租种，租银由广润庄征收。雍正十二年（1734），石景山惠济庙因无香火之资，把其中广润庄魏球名下入官地亩拨给石景山惠济庙，永作香火之费。自乾隆八年（1743）起，永定河道台将此地给惠济庙住持亮用、真修同取租息。乾隆十年（1745），亮用竟将此地私自租给南河村旗人何老兴、王世龙二人，将本年分租银收为己有，引起当地村民不满。

永定河道台访闻僧人亮用等将此地私租何王二姓，索取租粮，恐以后有私自典卖情形，要求房山县代收此项租息。乾隆十年（1745）十一月，收取的租银一百七十七两二钱，缴纳完房山县应纳租银，所有银一百四十三两零六分七元，转送永定河道存库，给发惠济庙香火之需，此后永为定例。当年乾隆皇帝豁免钱粮，永定河道台将豁免的钱粮散发广润庄各户，村民眼见本村龙王庙倾颓日久，用这些钱修缮龙王庙。

○五三　重修观音大殿碑记

房邑城西南六十里广润庄，旧有观音殿一座，不知创自何人，建自何日。神像依然，门窗不整，殿陛宛在，土木不坚，未足壮一乡之观瞻，何以招四方之香火？广润庄有王公名得位者，系一乡之居民，实一乡之善士也。王公捐赀构（购）材，木料俱备，一切砖瓦石料，又众善资助，遂偕乡人，命住持僧鼎位监修。高其墙垣，宏其基址，丹楹刻桷，大殿三间焕然而一新矣。至后鼎位云游，王公衰迈。又有善士重修配殿，再整山门。新住持僧果照，惟恐泯灭前人之善，欲为之勒珉垂后，与众乡人环而问记于余。余为之记曰：名可并传，谁为骥尾？会有首事，可占龙头。如我广润庄，无王公，虽有众善乐施，而栋梁之大材一时难构（购），安能一举而成功？善哉！王公功德莫大焉。余即不言，乡人自有口碑，代为颂扬，何必余为记喋喋也？但恐年深日久，事迹无考，芳名不传。是为之记。

房邑廪生吕振清敬撰

房邑举人王德雄敬书

时大清道光九年仲秋立

碑刻说明

清刻。在广润庄观音庵。拓片通高152厘米，宽69厘米。碑额正书"万古流芳"。

碑文考释

碑载，广润庄有观音殿一座，创建年代失考。神像完好，门窗不整，殿宇破败，村民王得位捐资购买木料、砖瓦、石料，又得众善资助，修缮观音殿，由观音殿住持僧鼎位监修。先是重修了三间大殿，把庙墙筑高，把殿基扩大，油漆彩绘梁柱椽枋。后来鼎位云游他方，王得位年老体衰，后续有善信重修配殿，再建山门，由僧人果照住持，清道光九年（1829）八月立碑纪事。

吕振清，本地南白岱村人。

碑阴

为善最昌，自宜留芳万载。有功必表，亦须号著千秋。兹因王公捐施盛事，住持果照为之树碑刻石，众善资助布施，理宜共留姓，以垂不朽！

经理人：高通、刘焕、李永珍、陈永作、李花

□部：□□□施钱肆千，□□□施钱三千。通州：王□□施钱二千。涿州：□□□施钱二千。□村：王纯施钱十千。史家庄：施钱五千。□家村：□兴堂施钱二千，□□号施钱二千，□新号施钱二千，□兴号施钱一千，□合厂施钱一千，□合盛施钱一千，大兴店施钱一千，□□□施钱一千，□□□施钱一千，化天□施钱一千，化天□施钱一千。石窝村：□□□施钱二千，□□□施钱一千。

北白岱村：邢天德施钱一千，苏文魁施钱一千，苏全施钱一千，贾文明

施钱一千。北上洛：杨成已施钱三十千，顺兴局施钱五千，赵廷□施钱三千，李德□施钱二千，王珍施钱一千，丁凤用施钱一千，杨起景施钱一千，杨□施钱一千，王□施钱一千。

　　□□庄：黄国贵施钱三千，□德□施钱三千，广义庭施钱一千五，杜□贵施钱一千，□□施钱一千，□振山施钱一千，刘□□施钱一千，黄国荣施钱五百，张□施钱五百，王世正施钱五百。

　　半壁店：鸿泰号、西顺源、义成公、□□店、兴盛号、广顺号、广丰号、□成号、宋国□、赵连城、尹成、高兰、高□□、高仲□、高仲□、兴盛号一十七千。辛庄：□□□施钱五千。兴隆庄：义盛局施钱二十千。惠南庄：钱□□施钱五千，袁□施钱二千五，袁□曾施钱二千，李文学施钱二千，李福施钱二千，□□施钱二千，莫□施钱一千，范广林施钱一千，王□施钱一千，李永□施钱一千，徐士□施钱一千，王□施钱一千，周克□施钱一千，□广兴施钱五百，谷明施钱五百，□□□施钱五百，□立玉施钱五百。

　　广润庄：王得位施大殿木并施钱七十五千，王广畛施二百吊，王梦□施钱三十八吊六百文，王□□施钱三十三吊，郭耀君施钱三十千，李永珍施钱十六吊九百文，高□施钱十五吊六十文，何祖光施钱十六千，陈永□施钱十五吊□百四十文，□□□施钱十二千，尹惠成施钱十一千八百吊，天成号施钱十千，王纯施钱九吊五百二十文，施王□施钱九吊五百二十文，□□施钱七千，何□施钱七千，允国见施钱七千二，崔□秀施钱七千二，陈永□施钱六千，刘□□施钱六千，王进□施钱六千，巴兆成施钱六千，李成施钱六千，王成施钱五千，李永泰兴施钱五千，张进义施钱五千，陈永见施钱五千，车代施钱五千，范才施钱五千，王德花施钱四千，李□施钱四千，侯亮施钱四千，周得施钱四千，高顺施三千四，王奇施钱三千，谷克□施钱三千，李□施钱三千，陈永宣施钱三千，交得施钱三千，□明施钱三千，田永□施钱二千四，李花施钱二千四，李宽施钱二千六，陈永位施钱二千，王进德施钱二千，叶福明施钱二千，韩亮施钱二千，宋道得施钱二千，徐全福施钱二千，宋兴施钱二千，范□□施钱二千，高全施钱二千，王得施钱二千。

□□□村：□□□施钱三千，□□□施钱三千，□□□施钱二千，□合□施钱二千，□□□施一千三，□□□施一千三，□□□施一千五，王□施一千五，□□□施一千五，□明施一千二，□泰施一千，高□虎施一千，王得□施一千，王仲施一千，高连施一千，□□□施一千，陈□永□施一千，李□花施一千，高陞施一千，陈□施一千，□□□施一千，□□□施一千，□□□施一千，陈得山施一千，田进忠施一千，田进喜施钱五百，□□□施钱三百，宋□成施钱三百，□□□施钱五百，王□□施钱三百，□□□施钱一千。

监修僧鼎位，开光僧果照，王树本刊

碑文考释

捐资修庙者，有通州人、涿州人。今属房山区大石窝镇的捐资村庄有北上洛（今北尚乐）、半壁店、辛庄、惠南庄、广润庄。

今属房山区张坊镇的捐资村庄有北白岱村、史家庄（今史各庄）。

今属河北涿州市豆各庄乡的捐资村庄有兴隆庄（今东兴隆庄、西兴隆庄）。

本地捐资的商家有北上洛顺兴局，半壁店鸿泰号、西顺源、义成公、□□店、兴盛号、广顺号、广丰号、□成号，兴隆庄义盛局等。

○五四　广润庄建关圣帝君庙碑记

盖闻后人尊之为神灵者，即古之忠臣义士也。唯帝君一点丹心，名垂于竹帛，千秋义气，神贯乎春秋。席珍王善台，忠以持己，义以待人，是以仰慕帝君者为最切，恭敬帝君者极其诚。每欲建立庙堂，供奉香火，因无地基可创，故尔延迟数年。

兹因本庄观音庵旧有山门一座，山门后有韦驮小殿一间，年深日久，土崩瓦解，败残不堪。僧人果照，意欲募化重修。王善台勃然而兴，慨然而允。量山门之地势，足容大殿三间。鸠工独举，不日而成，并迁韦驮、土地于殿内。巍峨华丽，内外表其严整，远近壮其观瞻，是谓之一举而两全。余思王善台所以建庙之意，非为邀福于帝君也，实欲一己奉帝君为楷模也；非为邀誉于乡党也，实欲乡人共学帝君之忠义也。王善台之用意何其深且远哉！是为记。

房邑廪生吕振清敬撰

房邑举人王德雄敬书

大清道光九年中秋立

碑刻说明

清刻。在广润庄观音庵。拓片通高 156 厘米，宽 70 厘米。碑额正书"以旌善人"，阴额正书"为善最乐"。

碑文考释

王得位首开重修观音庵之义举，王席珍继之。观音庵山门后有韦驮殿一间，年深日久，土崩瓦解，败残不堪。果照住持其间，想募化重修。王席珍捐资扩建大殿三间，内奉关帝，并迁韦驮、土地于殿内。据碑阴所记，他捐施工材料，给神像妆金，栋梁绘画，资金和木材、砖瓦、石料，出于己手，分毫不染于他人。住持果照特意为他专立一碑，以志功德。

清道光九年（1829）八月《重修观音大殿碑记》载"又有善士重修配殿，再整山门"，所指应即此。

碑阴

信士王席珍创建前殿，捐施工材料，神像妆金，栋梁绘画，赀材出于己手，分毫不染于他人。故为之树碑。

理事人刘焕、陈永作

监修僧果照

铁笔王树本刊

关圣帝君前五供并惠清庙住持僧真住诚献

关圣帝君像石窝村高自通施舍

碑文考释

碑阴载，庙中五供为惠清庙住持僧真住所捐，关圣帝君石像为石窝村民高自通施舍。

○五五　铭功碑

有僧西辰，河南彰得人，俗姓侯氏，久住京师。禅机妙悟，学问湛深，天资秀爽，性情洒落，远近僧俗，以及文人学士，无不见而悦之者。于道光十一年至我广润庄观音庵，善缘广结，竭力焚修。三年间，契买良田四十余亩，修造南禅房三间，添置器用不计其数，观音庵焕然可观。固佛之所感，亦西辰募化之力。后住持僧恐泯灭其善，请余之记。

举人检选知县邑人王德雄撰文

举人试用教谕邑人苏裕昆书丹

大清道光十八年正月榖旦

住持僧厚安立

碑刻说明

清刻。在广润庄观音庵。拓片通高 174 厘米，宽 69 厘米。碑额正书"厥功不泯"。

碑文考释

考清道光九年（1829）八月《重修观音大殿碑记》，清道光九年（1829）前，观音庵住持初为鼎位，后为果照，此间在王得位和其他人的资助下，翻建了大殿三间、配殿、山门和庵墙。果照离庵，道光十一年（1831），西辰入庵住持，增建南禅房三间，添置器用，又置香火地四十余亩。西辰，河南彰德府人，俗姓侯氏，此前一直住锡北京城内。道光十四年（1834），西辰离庵而去，僧厚安至入庵住持。道光十八年（1838）正月，厚安立碑记事。

苏裕昆，本地北白岱村人。

○五六　八村公议条款序

盖闻良法之有利于民者，在奉行之必求其实，尤在遵行之历久无渝。今我县尊吴编查保甲倡于前，而我八村同心协力随于后，一方之交察互警，使此匪无容身之地，固已无虞矣。第恐遵行即久，遂至因循，故将八村公议条款及所议罚约并勒诸石，以为久远之鉴耳。

计开八村公议相约条款：

第壹条　无论何村有聚众贼匪抢夺，连村相助。

第二条　无论何村路死贫人，连村酌量公办。

第三条　无论何村窝聚贼匪，连村公办。

第四条　无论何村有不公之事，连村公办。

第五条　无论何村设立明局，连村公举。

八村公议人等当面言明，一村有事七村俱到，如一村不到者，罚钱伍吊。如有一村不按相约条款遵办者，罚钱伍拾吊。若不遵罚者送官究办。

北尚乐：杨廷楷、杨葆元、马秉宽、高自良、马永、张久春

辛庄村：戴民一、崔文泰、崔文恒、崔文闲、崔福泰、崔文合

兴隆庄：孙芳

广润庄：周尚文、徐亮、王步湘

惠南庄：钱维得、李进贤、李进文

南尚乐：石进魁、隗连恒、赵国栋、隗焕文、刘达、隗□、任佩济、李凤楼

塔照村：丁泽宣、蔡永新、丁兆亭、丁静然

石窝村：刘会、李凤、李福、温彩龄、刘惠、张安俊、梅景春、温玉衡

同治二年九月十三日公立

碑刻说明

清刻。通高 172 厘米，宽 68 厘米。碑额双勾题"百世不易"。

107

碑文考释

"我县尊吴"，考民国十七年《房山县志》卷四"职官"，同治二年（1863）房山知县为吴山寿，江苏阳湖人。

同治二年（1863）九月《八村公议条款序》是房山清代的乡规民约，立约者为北尚乐、辛庄村、广润庄、惠南庄、南尚乐、塔照村、石窝村、兴隆庄等八村，共计五条，涉防赌、防贼匪、杜绝欺诈、扶危济困、主持公道等方面。八村相约共同遵行，违约者轻则罚款五吊，重则罚款五十吊，不遵罚者送官严办。

《八村公议条款序》反映了清末社会动荡的年代，一方乡民利用乡规民约互助互济，维系社会治安，营造良好风尚，共度时艰。

公议八村，北尚乐、辛庄村、广润庄、惠南庄、南尚乐、塔照村、石窝村七村，属今房山区大石窝镇；兴隆庄，属今河北涿州市豆庄镇。抑或当年兴隆庄属房山县，后来划入河北涿州市豆庄镇？

○五七　历述桃儿沟原委碑记

尝读《孟子》书，至人非水火不能活之句，诚哉是言也！乃我广润、惠南两庄，地势枯干，凿井无泉，食水孔艰，生命系焉。故两庄会议，相看形势，买地挖沟，引距马河之水，以供两庄人食之需，此桃儿沟开源之始也。溯自前清嘉庆二十年十月初四日惠南庄冯立伦、冯立□、冯立三等，□□□□近河滩地一段多少在内，坐落石檀沟大坝以下御路南边，西至河中间水内，东至张姓，南、北至本主，情愿卖与两庄作为取水沟道□□□□□□拾伍吊□□□□□□钱粮业主自纳，立卖字为证。

至道光十四年间，冯立伦又将本身沙河滩地一段，卖与二庄挑沟使用，卖价□□□□□□□□□□□□□□□至同治十一年间，冯德山立改错就正文约在，冯德山不知其父冯立伦已将此地卖与二庄，□□□□□冯德山又将此地卖与隗俐，因此二庄控冯德山盗卖此地，经八村调和，二庄人□□□

代□□拾伍吊□□□□□□□□□□□二庄□□□□内何处将水在何处挑沟，认许自由，永不拦阻，立字为证。至同治十一年间，隗俐立凭地契和文约在，隗俐不知此地冯立伦等已经卖与二庄。至咸丰年间，冯立伦之子冯德山又将此地卖与隗俐，后经隗俐拦阻二庄挑沟，方知此地实而已卖，经五村说合，隗俐情愿得价退地于冯德山，冯德山退地于二庄，立字为证。

乃不意，至民国十二年四月，广润、惠南二庄村人往故地挑沟引水，冯嘉启拦阻叫骂，冯远清、冯生和，持刀逞殴，殴伤数人。二庄在本县控告，至十月间，经本县公布刑事判决书主文记载：冯嘉启、冯远清、冯生和妨害惠南庄、广润庄共有通沟引水，□未遂之计，为处罚金三十圆，尖刀二把均没收，石二块，着王国祥具领。至本年二月间，冯嘉启拦阻二庄挑沟引水，二庄在本县起诉，至十一月间，经县公署民事判决书理由上记载：查本县检阅冯嘉启诉隗福田强占地亩状载，民先祖有去与南尚乐等村隗俐沙地五亩，坐落该村西南，原系广润庄、惠南庄等村取水沟道之处。因前清同治十一年挑挖沟道，隗俐拦阻，经五村人调和，着民出钱三十五吊，将地赎回，无论亩数多寡，以沟为界，沟北梆外系隗姓管业，沟南梆外系冯姓收管，挑道挖沟，隗冯二姓均不准拦阻搀越等语，经本署及地审厅先后审理，所供示亦复相同，不止原告有。

碑刻说明

民国刻。原在广润庄，现移至云居寺。此碑记述了广润庄、惠南庄因挑沟引水，与惠南庄冯氏土地争端的始末。

碑文考释

据此碑，早年广润庄、惠南庄，地势枯干，凿井无泉，吃水艰难，经两庄公议，买地挖沟，引拒马河水，供两庄人饮食之需。清嘉庆二十年（1815）十月初四日惠南庄冯立伦与其两个兄弟将一段近河滩地卖给两庄，用来挖沟引水，双方立有字据。时隔十九年，道光十四年（1834），冯立伦又将自有一段沙河滩地，卖与二庄挑沟使用。咸丰年间，冯立伦已经过世，冯德山不知其父冯立伦已把地卖与二庄，又将此地卖给隗俐。同治十一年（1872），隗俐拦阻二庄挑沟，二庄拿出凭证，隗俐才知道真相。因此二庄控告冯德山盗卖此地，经八村调和，隗俐情愿拿回钱款退地于冯德山，冯德山退地于二庄，任由二庄挑沟，各方立字为证。

至民国十二年（1923）四月广润、惠南二庄村人往故地挑沟引水，冯德山后人冯嘉启拦阻叫骂，冯远清、冯生和，持刀逞殴，殴伤数人。二庄到房山县控告，十月，经房山县公布刑事判决书，冯氏一门败诉，处罚金三十圆，没收作案凶刀二，石块二着王国祥具领。至民国十三年（1924）二月，冯嘉启拦阻二庄挑沟引水，二庄再诉至房山县，冯嘉启败诉。考《广润惠南两庄引水沟息争碑》，冯嘉启上诉到京师地方审判厅，当年十月被民事一厅驳回，维持原判。十一月，经县公署民事判决，冯嘉启败诉。

这场由拒马河挑沟引水引发的土地争端，持续52年，历经几代人，终于落幕。最后以广润庄、惠南庄胜诉而告结束。

此碑未署立碑时间，《广润惠南两庄引水沟息争碑》与此碑同记一事，碑末署"中华民国十四年乙丑二月既望广润、惠南两庄公立"，那么此碑亦应立于民国十四年（1925）。立碑的目的是，以此存照，避免以后再发生争执。同时二庄又立《广润惠南两庄引水沟息争碑》作为见证。

○五八　广润惠南两庄引水沟息争碑

嘉庆二十年间字据及隗姓之咸丰八年地契，与两造退地，取"和"字"改错就正"字，各件可证，即该被告地契亦有"卖与广润庄、惠南庄取水沟道"之句，征诸高廷立等呈验前清嘉庆二十年间所立字据，内开坐落石檀沟大坝以下御路南边，东至张姓，西至河中水内，南至本主，北至本主。就四至而论，可见石沟由冯嘉启地内通过，毫无疑义。既未写亩数，又仅十五吊，则立字人当时竟思允准挑沟，尚无卖地若干之表示，不难推之。况该字上载有"钱粮业主自纳，不与买主相干"等语，该原告等亦非买地，是可断言虽冯德山将地卖出，而惠南庄等村之引水权尚不能因受影响，及经村人调处，退回一部。原有允许通沟契约仍于冯嘉启地内继续存在。惟原告不此之求，竟请争地亦有未合，并据去吏勘图，高廷立指出四至计地二十余亩，所指北至皇差御路，又与字据北至不同，殊难凭信。第就其挑沟引水之请求，综核供认，自不能不认为有理由。又至民国十三年十月间，京师地方审判厅民事一庭判决正本主文记载本案上诉驳斥，上诉费用由上诉人负担等因，按照民国定章三审终决已成铁案如山，永无变更之理。故我两庄公同会议于各项字据判决书中摘要节录，立碑存案。非为影冯氏之行为，以扬二庄之胜诉，而实恐代远年湮，文约等件遗失无存，并俾后人悉知是非曲直之原委。宜尚揖让而戒竞争，宜息诉端而盟和好，勉旃勉旃，是我二庄之厚望焉。

代理人：高廷立、王溥、周庆魁、侯德旺。赞成人：李树芬、韩仕海、袁树森、周国清、杜文峰、郭尚恒、王国祥、高廷福

北洋法政毕业房山县人侯德九撰文

本县高小毕业生白岱村王兆祥敬书

中华民国卅二年癸未六月既望广润庄村郭德明复书

中华民国十四年乙丑二月既望广润、惠南两庄公立

碑刻说明

民国刻。原在广润庄，现移至云居寺。此碑无题，题为代拟。此碑通高140厘米，宽77厘米。碑额正书"永垂不朽"。

碑文考释

此碑为桃儿沟引水争端而立，争端起因是清嘉庆二十年（1815）十月初四日惠南庄冯立伦与其两个兄弟将一段近河滩地卖给两庄，用来挖沟引水，以解二庄村民饮水之困。咸丰八年（1858），冯立伦之子冯德山不知其父已把地卖与二庄，又将此地卖给隗俐。同治十一年（1872），争端即起。起初还有乡邻说和，到民国年间，冯氏后人冯嘉启、冯远清、冯生和等动起刀子，至挑沟村民受伤，以至打起官司。民国十三年（1924）十月，京师地方审判厅民事一庭判决冯氏败诉，翌年二月十六日，广润庄、惠南庄立碑存照。

此碑引证"嘉庆二十年间字据及隗姓之咸丰八年地契"等，说明当年广

润庄、惠南庄以十五吊钱与冯立伦买取土地开沟引水权，而非买地。此开沟使用权，理应不以地主的变更而改变。民国十三年（1924）十月，京师地方审判厅民事一庭裁决冯氏败诉，"按照民国定章三审终决已成铁案如山，永无变更之理"。一场长达半个世纪的争端，自此画上句号。

碑末落款："中华民国卅二年癸未六月既望广润庄村郭德明复书，中华民国十四年乙丑二月既望广润、惠南两庄公立。"民国十四年（1925）为原碑立碑时间，后来此碑因故损毁，民国三十二年（1943）由广润庄郭德明根据原碑文书碑再立。故这件碑刻实为民国三十二年（1943）六月十六日重刊复立。

○五九　重修井泉碑记

盖闻天地之间，人生五行。天地之人，非水火不能生活。夫水者，养命之根源，在五行之中人所不能离也。然我村广润庄南街路北有旧井一座，自大清嘉庆十八年八月间李君常泰舍地基三分掘成井泉，赖此饮料多年。至民国二十七年四月初七日，此井忽然坍塌，临时未挖。复因时局大变，国乱纷纷，人民受困于冰炭之中，至民国三十年稍有平静。我村人民只此一井，人食马饮仰赖，而全村用之。似此井泉水贵如珠，一日不可缺无，并保养卫生性质。

此一井饮料乏用，又仰投拒马河之水，自明朝天启元年，由铁锁崖，我村开挖沟渠，疏通河道，引水下流，人食马饮，继续灌溉田苗。灌田次之，饮料当先。挖沟工竣，我村北郑里广润庄河工四千八百工，在张坊厂子庙立有碑记，载明真像。如遇大旱之年，各渠水浅河干，饮料困难，此生命大有关念等因，公议会人员本可提出意义，酌量将此旧井挖出，以为各家方便饥食渴饮，维持生活。经理人即开全村保甲大会，谓无不乐从。当时题明筹划井款应如何摊派，各甲长谓惟捐井款只可好施者助之、乐善者维之，故此挨户募捐。公议议妥，捐资五圆，以上为限度。立石刻名，好助者居多。公议会为首人，发起优先，特别助款。时在民国三十年十月二十一日开工。将挖井公费，施助者人名，均列于后，其事云云。

房山县广润庄郭尚义撰文、郭德明书丹

民国三十一年七月初十立

同邑石窝村刘树棠刻

碑刻说明

民国刻。在广润庄。拓片通高 177 厘米，宽 66 厘米。碑额正书"永志不忘"。

碑文考释

碑载，广润庄南街路北有老井一眼，清嘉庆十八年（1803）八月间李常泰舍地基三分挖井一眼，135 年间，广润庄村民赖以生活，民国二十七年（1938）四月初七，此井忽然坍塌。广润庄村民只此一井，人食马饮，全村仰赖，"此井泉水贵如珠，一日不可缺"。村民用水的另一个来源，是明朝天启元年（1621）从铁索崖挖沟，引拒马河水进村，当年，广润庄属北郑里，出 4800 工。若是遇上大旱之年，水浅河干，河水没有指望，所以村里的井水与广润庄村民性命攸关。无奈，七七事变后，"时局大变，国乱纷纷，人民受困于冰炭"，故未及修挖。到民国三十年（1941），局势稍为平静，公议会召集全村保甲商议，修挖坍塌的老井，议定挨户募捐，捐资五圆以为上限，民国三十年（1941）十月二十一日开工，不久告竣。

〇六〇　房涞涿三县分水碑

顺天府房山县为立碑分水以办国粮事，蒙钦差督理印冯、屯田巡按直隶等处监察御史张合批：

按冯能等告称："拒马河水源自铁索崖，经流房山县、涞水、涿州三处地方，一路村民取水浇田，沙高地土赖以生苗，□□易州豪强，在于要源处所□河身筑坝，广立磨房，间吞其利，致田不得水，秋成失望，磨得农夫一富百贫，拖欠钱粮，贫民受此。房山境内地多沙薄，被累尤甚。幸蒙前院左于具题新例：'凡近水居民俱准从河开沟灌田。'能等据例赴告本院蒙批：'仰房山县查勘，委巡捕官督工，务有成效。'"

据文行本县遵照原文事理，本县查勘，随委员典史王国蒲在于铁索崖址督工，开挑沟渠，间赎有近河道居民田亩，张汝为等情愿协出工力。及今挑沟已成，万民共□，自此钱粮，民不受累。窃愁强梁复出，再蹈前辙。合村军民，共愿伐石立碑，永远遵守。涿州、房山县、涞水县三处均分水泽，世利万世，将情复告本院蒙批："□□督同居民挑沟，业出水利，仰牒。仍立石禁谕，务从民便。"状文蒙批："状内案人果系涞县地主否，查确再报。"蒙此遵查，县西地方名拒马河，以涧沟分水灌田，先经申详，前院左例批状："冯能等告为开垦水田事蒙批，仰房山县查勘，委巡捕官督工，务有成效等因，见在遵行□。"今蒙本院批："仰查确再报。"该县拘集呈内人民并各里□□□人等，查得冯能等俱系本县地主人民，各地土多寡不等，概经挑沟出工有名，取具各里结状，见在□同。原蒙批详申复，本县蒙批准立碑以为水利□蒙批遵依批详事理合行立碑，以使转详施行。

计开挑沟出工花名：

北郑里广润庄挑沟四千八百工：张汝为十五工、袁春卅五工、崔印十工、张六乐五工、张三谟十五工、刘进才十工、张宝三工、郑□四工、王京十五工、毛进雨七工、陈宏道卅五工、张五礼三工、毛进京七工、郑登科十工、王良贵五工、崔永泰卅五工、张九西七工、张贵三工、庄文任十工、张二兴三工、李中十工、张四□五工、夏文奇十工、张九功三工、张万库十工、张中十工、张汝栋十工、李朝□十工、高富□十工、高守思十工、韩义十工、张宗道十工、李万卿三工、王应科十工、张穗十工、王会十工、王玉节十工、宋守仁十工、刘世英十工、刘天和十工、刘节十工、尚玉十工、曹庆十工、庄文立十工、王玉龙十工、李保十工、赵登科十工、鲍仲全十工、王栋十工、田中十工、刘汝山十工、刘应道十工、李大海十工、陈平安十工、李志山十工、王东山十工、高廷夏十工、王玷十工、王玉十工、郑□周十工、王守镇十工、庄九卿十二、宋明十工、王尚十工、李时十工、李保十工、刘世英十工、张臣十五工、毛德朝五工、毛进□三工。

独树里上乐村：田□五十工、许新桂廿工、陈志仁五工、赵进举三工、许登仕十工、许有桂三工、李世禄三工、田有春三工、米璞三工。

张坊里上乐村：张文华六工、郑有道三工、康世官三工、康承恩三工、石若玉十工、康□瑛三工、康登高三工、康世祥三工、康世良三工、康登翰三工、康加兴六工、刘国臣六工、刘国用八工、李成芳六工、康加真三工、刘国忠六工、康登海三工、赵明福三工、康永昌三工、□□九三工、康世宝六工、康登仁三工、康尔邑六工、康尔加六工、刘景□六工、康为远六工、隗一科三工、康登营三工、张九德六工、张九功六工、张九云六工、王玉坡三工、王玉山三工、王玉登三工、康邦宁五工、毛得朝五工、张九纯五工、张加惠五工、李智忠五工、张忠三工、张□□三工、康尔道三工、康邦静三工、张臣五工。

民国三十二年正月房山县广润庄村郭德明复书

大明天启元年岁次辛酉七月望日立石

碑刻说明

民国刻。此碑在广润庄南大庙。原为明碑，立于明天启元年（1621）七月十五日，在张坊厂子庙内。民国三十年（1941）七月为日本侵略军所毁，断为三段。民国三十二年（1943）依照原文复刻再立。故此碑有两个日期，民国日期为复立日期，大明日期为原立碑日期。详见民国三十二年（1943）四月《革旧更新复凿原批碑文记》。

碑文考释

此碑刊录了房山县广润庄冯能等人的诉状、顺天府给冯能和房山县的批复并核准立碑等的往来公文，其后附刊了北郑里广润庄、独树里上乐村、张坊里上乐村三村挑沟出工的花名册。

据此碑，拒马河水自铁索崖流经房山县、涞水、涿州三县地，沿岸村民依赖河水浇灌田地，"沙高地土赖以生苗"。涞水县属易州，该县豪强不顾三县民众利益，擅自在河流要源处垒筑拦坝，厂立磨房，间吞其利，致使农田缺水歉收，贫民拖欠国课钱粮，不堪其苦。房山境内地多土薄，影响尤其严重。广润庄村民冯能等就此上诉，上诉中援引了"凡近水居民俱准从河开沟灌田"的"具题新例"，"钦差督理印冯、屯田巡按直隶等处监察御史张合批"，由房山县委派巡捕官督工挑沟，引水灌溉。遵照批示，房山县先是派人查勘，然后委派典史王国蒲亲往铁索崖督工挑沟引水，由房山县赎买河道附近民田，作为挑沟之用，房山县北郑里广润庄、独树里上乐村、张坊里上乐村，三里三村123人参加，出5095工。其中北郑里广润庄出工最多达4800工，独树里上乐村100工，张坊里上乐村195工。

碑文记载"北郑里广润庄挑沟四千八百工"，碑中共有70人的出工花名册，总计出711工。与4800不符，或许未将全部出工记载下来？

应该指出的是，此碑是房山县"蒙批准立碑"，所以在当年具有法令效力。碑文中的规定，为房、涞、涿三县公认遵行，虽然经历了改朝换代，对三县人的约束力并未改变，每逢三县人因水起争，便以此碑为据调解，直到民国时期。

民国十七年（1928）《房山县志》卷二"乡村"："元制邑领乡，乡领里，里领村。房山原有四乡十六里。明中季，归并甘池、芦村、王佐、乐平、大安山五里，惟存十一里。"今大石窝镇广润庄，当年属北郑里。北郑，在今长沟镇。"独树里上乐村"，为今北尚乐，当年属独树里。"张坊里上乐村"，为今南尚乐，当年属张坊里。可见，今大石窝镇村庄在明末至少归三里。

〇六一　革旧更新复凿原批碑文记

为续陈理由序列于后，立碑事始自大明矣，张坊厂子庙内有房涞涿三县分水碑文，以办国粮事。兹因民国三十年七月间，日本军行往张坊警备驻防时，不知何人将此碑拉倒，跌折三段，伤损碑文。幸而前者为水利起有争端，有此碑文，石下照抄原文，概经广润庄、惠南庄、南尚乐、南河村等办事人会议拟定，将此碑起运至广润庄村南大庙内，保存根据。时在民国卅一年十一月十四日呈报军官详情，此碑乃用大车将碑搬出，移到该村，并遵照原有抄文，复刻石，刻下其序事云。

广润庄郭宜轩序文，郭德明书丹

民国三十二年四月朔日

石窝刘树棠刊

碑刻说明

民国刻。此碑在广润庄南大庙。拓片通高200厘米，宽72厘米。碑额正书"垂利万世"。碑面左右铭文："涿州房山涞水三处均水灌田。"横题："文明院屯。"

碑文考释

此碑记述了明天启元年（1621）七月《房涞涿三县分水碑》毁而复制的经过：

《房涞涿三县分水碑》始立于明代，在张坊厂子庙内。民国三十年（1941）七月，日本侵略军到张坊驻防，将此碑拉倒，断为三段，伤损碑文。幸而从前曾因水利争端，有人把此碑原文照抄，经广润庄、惠南庄、南尚乐、南河村等办事人开会商议，决定把断碑运到广润庄南大庙内加以保存。鉴于当年情形，在起运前，不得不呈报日本侵略军官，得到允许，这才在民国三十一年（1942）十一月十四日，用大车将碑从张坊厂子庙，移到广润庄。翌年正月，广润庄郭德明书写原文，将《房涞涿三县分水碑》复制，重立在该村南大庙内。当年四月一日，广润庄郭宜轩撰文，郭德明书丹，立《革旧更新复凿原批碑文记》，记载《房涞涿三县分水碑》毁而复立的原委。

《房涞涿三县分水碑》的命运和《革旧更新复凿原批碑文记》，反映了日本侵华时期，房山人民生活的一个侧面。

北尚乐

在辛庄西，是大石窝镇除独树村外，历史最久的村庄，唐代属范阳县弘化乡，金代属奉先县白玉乡上乐里，元、明两代属怀玉乡北郑里，清代属西南乡独树里。

大石窝镇的镇江营塔照，七千年前有原始聚落，夏商之际村烟如织，战国时期的聚落出现最早的方形房屋，北尚乐似与镇江营文化一脉相承，周边出土过战国和汉代的大量陶片，及汉墓。其村庄的形成是从战国、秦汉一脉延续下来的。

村西的金粟山下唐代就有一座宏大的佛寺禅房寺，至今禅房寺舍利塔仍高标在金粟山顶。除禅房寺，北尚乐还有观音堂、龙王庙。

北尚乐村原名"上洛村"，有云居寺唐高宗咸亨五年（674）《庞怀伯等造像记》为证："上洛村刘相，息龙凤、亮仁、可武，妻刘。"自金代始称"上乐"，北尚乐大金泰和八年（1208）三月《张百琼建陀罗尼幢》："大金奉先县上乐里人也，姓张讳百琼，奉为亡父特建陀罗尼石幢一坐。"

明中期的弘治十六年（1503）以前，上乐村西南，原属于上乐村的一片聚落独立成村，取名"南上乐"，北尚乐村仍名上乐。明嘉靖二十年（1541），才叫"北上乐"，此为南、北尚乐对称之始。清康熙九年（1670）再现"上洛"的写法，此后"洛"与"乐"交替使用。

嘉庆九年（1804），才有现在"北尚乐""南尚乐"的写法，此后这种写法成为主流，"乐"间或写成"洛"，到民国时期，"北尚乐""南尚乐"的写法固定下来，直到现在。

张姓是村中土著，金代以前就世居该村。其次是杨姓，杨姓祖先杨寿，官居进义校尉，乐山水之胜，于金大定年间从涿州敬天坊迁居于此。北尚乐杨姓子孙历代读书做官，成为北尚乐世家。

本卷收录北尚乐碑刻 17 件，其中辽 1 件、金 1 件、元 2 件、明 4 件、清 7 件、民国 2 件。

〇六二　辽代四面佛幢

西面佛像下题："西方无量寿佛"

北面佛像下题："北方不空成就佛"

东面佛像下题："东方阿閦佛"

南面佛像下题："南方宝生佛"

碑刻说明

此幢为小八角石，东南西北镌四面佛，东南、西南、西北、东北镌四胁侍。辽刻。在北尚乐禅房寺，为禅房寺最早石刻，见证禅房山在辽代即存在。又禅房寺遗址发现唐代细绳纹砖，说明该寺创建时间不晚于唐。

禅房寺有碑七通：

明代三通：

明天顺五年（1461）正月十五日《重修禅房寺之碑》，彭缙撰，庞克恭书，贾岫篆额，顾信刊。

大明嘉靖二十年（1541）一二月《重修禅房院记》，郝勋撰，杨琴书。

明嘉靖三十一年（1552）十月《金粟山禅房寺重修金刚殿碑记》，王大经撰。

清代四通：

清康熙九年（1671）《重修禅房院记》，李植繁撰并篆额，高自林刻。

清嘉庆九年（1804）四月《重修金粟山禅房寺碑记》，徐梦陈撰，杨成本正书，杨成德篆额，高焕章刻。

道光九年（1829）十月《重修禅房院碑记》，陈鉴撰，许凤池正书，杨廷栋题额，王树本刻。

光绪五年（1879）十月《重修禅房寺碑》，邢肇翰撰，张桂一正书，王邦昌刻。

禅房寺遗址仅存明嘉靖三十一年（1552）十月《金粟山禅房寺重修金刚殿记》，其他碑刻仅存拓片。

○六三　重修禅房寺之碑

顺天府涿州房山县儒学训导临川彭镐撰

巡捕官本县医学训科庞克恭书丹

西山玉河里处士贾岫篆额

佛古称西方圣人，汉明帝时始入中国，宋齐梁陈元魏以下皆宗事之。若梁武帝三度舍身施佛，昼日一食止于水果，盖事之忠谨者也。唐高祖始变隋禅，常欲除之而未克，迨宪宗复遣使臣拜迎佛骨入禁中斋会，诸寺遍迎供养之。当时之人观厥命进言者甚众，若昌黎□□□欲排之，然卒以谏迎佛骨事贬潮州刺史。由是其植根固，其流波漫，迄今数千百年而其灯□□永照。呜呼，何佛法之盛若是耶？洪惟我朝既□□建大成殿，崇祀孔子以师永万世，而又听天下之人创立寺观，以崇二氏之教者，盖以民之生也智愚不一。智者喻之以人伦纲常之道，则父义、母慈、兄友、弟恭、子孝，而天下平矣。其或愚顽弗□非伦道可喻者，庶几因二氏之教而入于善，以至臻夫治平之域也。会通二氏之有裨于王化亦大矣。

房山县治西去七十里，有村曰上乐，村之西二里许有山巍然高大者，金粟山也。山之巅有浮图，山之麓有寺曰禅房，盖古名刹也，奈历年深远，悉毁于兵，基址虽存而皆鞠于榛莽。近年以来，里中民有刘清者尝耕地于是寺之下，至夜分闻寺中有□□铃铎诵经之声，乃辍耕往视之，至则寂然无闻，若是者数次。清尝以其所闻之故语于乡人，咸曰：岂该寺之废久而将欲复兴也欤？不然何灵异若是哉？正统戊辰香老杨荣、杨昇等乃上疏请沙门定宗住持。定宗于释氏有耿介拔俗之标，温恭梁（良）惠之德，蚤岁礼云居寺监寺正全为师，诚无声三昧之旨，既住持兹寺，攻苦茹淡，奉佛惟谨。一日聚乡之耆老而告之曰：佛道之盛衰，愿其所以事之者何如耳？矧予迹忝缁流，固以奉佛为职，奈寺无殿宇，将何以崇佛像祝延皇寿而福下民也哉？兹欲修之，如无财何？愿诸耆老捐帑以助之可乎？众皆诺之，且告以昔者刘清耕地所闻之故。定宗闻而且喜，每日持疏偕刘清化财以图其成，不啻若求水火，无弗与者，未数月得钱若干缗。乃购木鸠工，披荆榛，除瓦砾，首建大雄宝殿三间，广若干，崇若干，殿之后立方丈三间，左右厢房六间，殿之两傍立伽蓝、祖师殿各一间，前立山门，凡□□□□丹漆，庄严胜殊。于是晨钟暮鼓，山鸣谷应，梵呗之音若冲波怒涛，而远近莫不□□焉。天顺庚辰冬十二月，医学训科庞君克恭以材□受镇守□州大臣都指挥石公腊为巡捕官同过其寺，定宗乃以其乡彦贾岫所述其修寺之始末求□克恭来□□□□□□。予观定宗之重修是寺，经始于正统己巳，至景泰壬辰，凡四载而寺皆复就。非师之行峻有为，能若是乎？遂次第其所而为之记。

　　□尹宣城吴公纹之歌□之于其后，歌曰：

寔峨金粟峻虚空，浮图霭翠瞻芙蓉。禅房古寺半山起，当年殿阁□玲珑。

年深末脱遭兵燹，荒烟野草时更变。住持幸遇定宗□，雕梁画栋重修遍。

晨钟暮鼓震遐方，金像神护宗风扬。好相万方朝明主，永令四海如虞唐。

大明天顺五年岁次辛巳春正月十有五日榖旦

本寺住持沙门定宗等重修立石

石匠作头顾信刊

碑刻说明

明刻。在北尚乐禅房寺。碑额篆书"重修禅房寺碑"。

碑文考释

　　碑左部题刻："大明弘治四年三月二十五日钦差内官监太监李祺，开取白玉等石，营建太庙，到三宝地祐平安。"太庙，始建于明朝永乐十八年（1420），已知曾于嘉靖二十三年（1544）改建，此后于清朝顺治八年（1651）、乾隆四年（1739）屡次修葺与扩建，没有弘治四年（1491）营建太庙的记载。太监李祺的题名，无意间留下了珍贵的历史信息。这是大石窝镇碑刻唯一记载弘治年间皇家宫殿建设开采汉白玉的碑刻，当年无汉白玉之称，而称"白玉"。

正统戊辰，正统十三年（1448）。正统己巳，正统十四年（1449）。天顺庚辰，天顺四年（1460）。

景泰壬辰，疑误，按碑文"凡四载而寺皆复就"，自正统己巳（1449），至景泰壬申，即景泰三年（1452）正好四年。景泰为明代宗年号，代宗在位八年，其纪年干支无"壬辰"。"壬辰"为英宗天顺十六年（1472）。碑文说，禅房寺落成后，庞克恭等于天顺四年（1460）路过，看到这座寺院，天顺五年（1461）立碑纪事。故碑文中的"壬辰"为"壬申"之误。

北尚乐禅房寺，唐代已存，辽代重修，金粟山顶之塔即辽代重修时所建禅房寺舍利塔。历金至元，元末毁于兵燹。明英宗正统时，北尚乐村民刘清夜里在寺院废墟旁耕地，听到有僧人诵经的声音，他放下耕犁，走去看个究竟，结果废刹静悄悄地什么声音也没有，这样的事连续发生几次。刘清把此事告诉村里人，人们都说："难道这寺院废弃久了，要恢复了吗？不然怎么会发生这样的怪事？"

正统十三年（1448），本村香老杨荣、杨昇等请僧人定宗为禅房寺住持，定宗早年在云居寺出家，拜监寺正全为师，住持禅房寺后，立即着手寺院的恢复重建。他邀刘清一同到四乡募化，数月之内化钱若干缗，正统十四年（1449）兴工，首建大雄宝殿三间，两旁立伽蓝、祖师殿各一间，大雄宝殿后建方丈三间，左右厢房六间，前立山门，前后历时四年，于景泰三年（1452）竣工。

天顺四年（1460）十二月，巡捕官房山县医学训科庞克恭路过，来禅房寺瞻礼，定宗和尚让北白岱贾岫述建寺始末，委托庞克恭请房山县儒学训导彭镐撰写碑文，即请庞克恭书丹，贾岫篆额，于天顺五年（1461）正月十月五日立碑寺中。

贾岫，本地北白岱人。先祖贾壤创建文靖书院。

○六四　重修禅房院记

乡进士顺天府涿州郝勋撰

顺天府涿州房山县儒学廪膳生员杨琴书

尝闻西土有世界曰极乐，佛号无量如来，其国无有三恶八难也，众宝以为饰，其人无有十缠九恼，群圣以为如意，大顺归心。是土者，苟念力具足则往生彼国，然后出三界之外，其佐佛道无退转者，其言无所欺也。

我房山之西南，有村曰上乐，上乐之西有山曰金粟，有寺曰禅房院者，无乃亦西方极乐之□土者乎？何其效灵之神也。闻其创建，远自前人也。有农人刘清者耕于此山之旁，闻若有铃铎声，惊而静视之而忽止，乃退而后耕，其声犹是，乃言于众。而禅房寺也，为一方□□之依，民庶瞻仰之地也，盛矣！及今，□以岁月，沐以风雨，而栋折榱崩，墙颓瓦落，神失其所，而因其□□□乃有住持僧江暹、江深、海潮等合乡民李达、杨仁者，愧前人之迹废，感圣哲之无像，乃言于众曰：□昔□□□□废坠之兴，而人人循随之末规，惟兹殿宇，可坐视其废坠而不为之一重修者乎？于是金曰：二老之言善，□□当为也。乃为之聚财集力，而后工兴焉。新其栋宇，美其墙垒，丹漆□重，刻桷图□，向之□□者，今则□好矣。昔之□颓者，今则完美矣。嵯峨峥嵘，巍然大□矣。天居赫空，光耀炷宇。新□之□□无后前人，□□□观而旧刹复矣，□□予因是而有感于浮屠之说，其来远矣。盖自汉明帝之梦，有绘像灵舍之立□□中而□□□入□□□□□□他，民庶之尊崇奉信之者，盖不可胜言矣，其惑世□民岂□□者比。而我皇明嗣世，王政修明，而礼崇之教，充于天下，而于既□之□绝者何耶？盖□正□□□，王道之用；无不覆载者，王道之体。彼浮屠者，虽云道其道而非我之所谓道，然亦三教九流之不可缺乎者也。天无所不覆，地无不载，天子与天地参者也，而独于彼能之可乎。虽然，任之以昭王化之大可也，崇之以求福田利益不可也。至若死生□化之术，沉沦鬼狱之论，则非我之所敢言也。□□□□于求福不俱，传曰：不为威惕，不为利疚。吾人但当从事于斯语可也。乡耆丐进予文以记之，予因始而推广其义，抄载□□□而以明正其非，以为吾人者戒焉！

提调山厂内官监太监郑公玺、掌厂太监王公□、监工左少监□金、吴玺、沈□、董良、张宪、杨□、高斌

督理工程太监程□、陈□、张□

本厂王□、王□、董露、刘□、王昂、王彦、陈受

工部文思院张□、王□、

大明嘉靖贰拾年岁次辛丑十二月吉日

住持江深、江暹、海潮　　善人李达、杨仁等

碑刻说明

明刻。在北尚乐禅房寺。碑左载有明廷采石太监的名字，多模糊不清，故将可辨者录之。

碑文考释

碑文载，禅房寺"栋折榱崩，墙颓瓦落"，明嘉靖二十年（1541），住持僧江暹、江深、海潮和北尚乐村民李达、杨仁重修。

碑文中留下采石太监和工部文思院的官员名字。考明史，嘉靖十五年（1636）四月二十二日申时，明世宗永陵动工。在这一天动工的还有其他七陵的修缮工程、长陵神道磴石以及石像生加护石台等工程。碑文上的采石太监及工部官员，即是为永陵及诸陵工程采石。

碑阴

重修禅房寺

杨仁张氏、谷景忠、杨世隆□氏、杨世江、铁匠张仲和、周□、张氏、张大□、崔氏、刘惠、李氏、刘泽、崔氏、王理林、方良、王□、姚玘、桃成、姚□、姚□、姚良、姚□江、姚隆

北上乐村施主：李达张氏，舍庄舍地一亩，买□二□，买木料使用；任得、杨惠才、任会、崔善金、任敖、宋善月、任思江、任思章、王计宗、杨

迁韩氏、杨如山崔氏、杨如洞王氏、李伯良李氏

杨雄高氏、马斌谷氏、杨□、杨本江李氏、杨朝相、杨世相张氏、杨世贵、杨世禄、杨银、杨崇虎、崔朝用、崔计光、李志得、李志仁、李志仪、李财、李志学、李志峰

石学锐康氏、胡永隗氏、□□陈氏、杨坐聂氏、杨良、杨顺、杨锐夅、杨玉宝、杨永、杨玄、杨自然、杨世美、杨坡、杨道、李氏、杨达、杨珼、杨宗文、杨九思、杨东鲁、赵氏、胡□

胡贤杨氏、王氏、杨惠□氏、杨仲和桃氏、杨景玉许氏、杨进礼、杨秦王氏、杨儒丁氏、杨叙、屈奈、屈大江、屈大水、杨左李氏、杨右李氏、杨廷□、杨廷□、杨廷全、杨廷仙、杨廷□

杨理王氏、杨巨、杨恕李氏、杨大林、杨得玉、杨大山、杨栗胡氏、杨景花、杨志高靳氏、杨留刘氏、杨拳宁氏、杨连、张氏、杨世官、杨世勉、杨世登、杨世科、杨迪、王氏、李祥、杨金、杨大友

杨□范氏、杨仲□李氏、杨善焦氏、杨天、杨寿璋、杨郁杨氏、杨日永、胡金奉、杨润李氏、杨周李氏、杨伯万王氏、杨独、杨要、杨万良、杨世得、杨朝□、杨世崇、胡宗文、崔强、崔孝、胡奉

李仲夅杨氏、杨珠任氏、杨梅李氏、杨平王氏、杨定、杨孝田氏、崔瑾杨氏、崔才李氏、崔堂、崔纪郑氏、崔玘、李文升、孙住、李苍、李敖、郭学、王站材、张元、张相、杨义

□□李氏、杨□李氏、杨世朝曹氏、杨□康氏、杨珮晋氏、杨文、杨敏胡氏、杨世宗、密奉、密牧、李□、李朝、李文臣、崔栾、李秀、李九高、李世美、张□、张目、张其、张□、郑□

□□□□氏、崔林李氏、崔钊、崔铎、杨氏、崔宝、北李摠、杨氏、李铎、张山孔氏、李通、李纪、李友大李氏、崔月、崔夅张氏、王仲保、刘文、刘万良、刘朝、刘万仓、李仁美、崔□□、□□□

李□□氏、□□□、杨大名董氏、杨文全张氏、胡敬、胡广、胡仲名杨氏、胡原、陈氏、赵良、赵贤、李宝、李甫贵、李甫禄、李荣

赤土村：宋友良张氏、李臣、李駴、宋夅、李名、王名、李仁、郑□

□□张氏、□□□马氏、李琐高氏、李□杨氏、李琮崔氏、李玉宝赵

氏、北李虎、李堂、李祥、李周、杨世仓、杨世敖

镇子营：丁朝春、丁春、丁万良、丁宗住、相宗水、丁宗儒、丁宗知、丁钦、丁青、杨仲之郭氏、李成任氏、李相刘氏、李宁杨氏、李现杨氏、南李虎、李□、李□胡氏、李全

贾居村：徐景川、李惠清、马海石氏、李安

胡宁村：李大金、冯成、丁现、丁月、丁成、杨仲臣、田氏、阴阳官李钦、刘甫、胡惠香、胡计嗣、杨玉栾、刘得金、密□、密云、密惠、密瑾、密月、屈果。

赵村：刘自贤、王锐丁氏、刘永杨氏、汪世延杨氏、汪世琴大氏、刘右、国得□

涿州房山县张坊里：阴阳官杨仲友

独树村：张春、张佐、张坤、高刚、高英、王四、高清、高乐、信官邢璋、邢瑧、仝月、王增、任堂、刘贤、任浩、张安吴氏、吴伯良

方山县：陈□□、李江、秦□、□坐李□王氏、阴阳官李森

七贤村：□□

新庄村：崔宣、陈隆全氏、王海、刘大江王氏、杜大刚、崔洪、崔付、崔让、陈京、韩山、王禄、艾保、孙隶、孙栾、王自然、李月、康□、□□、康世□、□□

老人张文升郑氏、隗甫马氏、信官许宗仁、许宗礼、康景杨氏、王林、王思恭、田氏、田得山、田达、田铎、田祥、隗祥、康仲美李氏、隗苍、杨化、赵万、赵青、张甫亮、陶氏、梁永、张大□

南上乐村：康洪刘氏、□□杨氏、康苗董氏、母丁氏、男康奈杨氏、康忠道刘氏、刘恕屈氏、刘世江、刘世海、康大仓、李大金、康儒贾氏、赵仲文杨氏、赵仲升、李永、倪月、康□

石窝店：张祥、李及、庄见、庄良、张目、张堂、祁海、祁隆、祁栾、蒲本道、庄堂、庄仓、高夫、蒋世英、张四、刘忠、马俊、刘淮冯氏、王良、张项、曾山良、魏保、刘贵、姜淮士、庄孝公、杨景贤、李景名、李大江

北白带：贾真、贾能、曹氏、梁庸、梁志金

南白带：焦城、吕文、晋计宗杨氏、焦大江

龙□村：张文达、张锐国、文夅、闫和

涿州：马方、华氏、王臣、陈名、孟景、李章、李定、王珣□、景阳、景宝文

北乐村：会众善女人拔头陈玉来、香头张惠委、庄惠能、范惠成、杨四姐、景惠月、隗惠恕、杨中贤、庄志全、□妙言、旁妙得、张善果、董涉真、子曰、张淑奉、□玉香、李玉祥、张惠能、扬玉□、张淑□、周□、□惠文、杨惠香、张妙玉、李善悲、王善真、扬善才、杨善福、王惠安、许妙福、李善聪、付惠保、姚金保、胡惠香、胡金奉、东李惠满、西李惠满、崔惠宝、李惠贤、康善元、赵善真、杨妙□

□□山长老：磨碑寺住持成天，徒震潮、音喜、悦风，寿南山福胜寺住持宗常、了奇、宗福、明月、利益千，中山寺王无霞，徒善春、清早，兴教寺住持海安，林泉寺住持明宽，□叶寺住持明平、川平、明宗、性福，东峪观音寺住持德住、德成，云居寺住持贞宗，孟堂庵住持圆庵，佛号千佛寺住持悟龙，崇福寺住持芳悦、香徒性宝，石棱寺住持□月、明住，□土寺住持宗□，石佛寺住持道宽、世景、世宝，柴凉寺住持常进、常德，兴禅寺住持安然、徒善□、善顺，赵村庵住持满宝，喜欢寺住持满江、满泽、会贤、清周，北谷庵宗住

□□右街指挥张兆飞、弟张兆祥，涿州□□程林侄魏宗

北白带：张文夅、张钦、苏川、吕□、□奉、苏栾、李仲学。石亭村：王伯珣、男王官。涞水县：郭泉、郭□、郭□、何□、李景远。南谷庵：崇住。□山左街千户胡连、段保赵氏、刘深宁氏。涿州：姚仲良刘氏、康茂句氏、刘□、宋锐、康仲夅、康仲□、康仲美、康自忠、康自然、康□□、□□□、李仲夅、胡□常、李□□

本寺耆旧江深、长老江暹、监寺海潮、藏住（主）海□、殿住（主）海目、海熔、海苍、海□、□□普安、普乐、普禄、普寿。龙王庙成温、江锦、殿头圆金、水头杨□、张□□、张□□、曹世□

碑文考释

据碑阴题名，施助修寺的有四县，即房山本县，相邻的涞水县、涿州，及山西方山县。

房山县8村。北上乐村，今北尚乐村；南上乐村，今南尚乐村；独树村；镇子营，今镇江营；新庄村，今辛庄村。以上5村，今属房山区大石窝镇。北白带，今北白岱；南白带，今南白岱。以上2村，今属房山区张坊镇。七贤村，今属房山区韩村河镇。房山县参与施助的还有张坊里及石窝店。

涿州1城2村：涿州城；胡宁村，今属河北涿州市孙庄乡；赵村，今涿州市百尺竿镇赵庄村。

涞水县1城2村：涞水县城；石亭村、赤土村，今属涞水县石亭镇。

龙□村、贾居村、北乐村，所属不详。

除此，尚有20座寺院。磨碑寺，在岩上村。福胜寺、石佛寺，在辛庄村。中山寺，在北白岱之白带山南麓。兴教寺、林泉寺，在张坊镇张坊村。云居寺、孟堂庵（梦堂庵），在白带山东麓。崇福寺，在长沟镇北正村。千佛寺，在长沟镇北正村西北。兴禅寺，在南尚乐。赵村庵，在今涿州市百尺竿镇赵庄村。观音寺，即东峪寺，明代称观音寺。北谷庵、南谷庵，在涞水县。石棲寺、柴凉寺、喜欢寺、□土寺、□叶寺，地点不详。各寺留下住持和寺僧43人法号，弥足珍贵。

山西方山县，则有陈、李、秦姓诸人捐资，这些人应是征调的工匠或役夫。

〇六五　金粟山禅房寺重修金刚殿碑记

国子监太学生新城主簿王大经撰文

佛法之入中国斯来远矣，所在莫不兴建寺宇以资祈福之所也。奉为我明太祖圣人殄绝羌胡，扫清寰宇，启四海文明之道，建万世巩固之基。思欲阴翊皇图，不过劝善惩恶，祝祥祈福，等天地之无疆也。京西顺天府涿州房山县治之西去七十里许，有山曰金粟山，有寺曰禅房院者，乃古刹之名寺也。

历年既久，旧志弗述。□者本寺住持海潮等时疏白于本山上乐村善友杨□言曰：予本居缁流，固以奉佛为职。今金刚殿岁月弥迹，风雨摧崩，神像湮毁，墙垣颓败，予等欲其重修者久矣。众曰：尝闻昔君子修□坚之因典，而大人无循随之规末，惟兹殿宇其可以坐视不为之一重修者乎？于是各捐己财，□□□□从宜修饬，既已落成，焕然一新。杨君恐其久泯无以昭示，乃丐予言为记。

予与中山杨子充愚友且善，弗克辞，遂□□而为之曰：

天地之间，有善而无恶者，人之性也。好善而恶恶者，人之情也。而夫人之不能皆善无恶，夫我知之矣，兹□之□□特一寺知之，一乡之人无弗知之。日复日，而岁复岁，而兹寺者□□□之内王气□□之所，近依崇山，远瞻□□□□□□□□，□出水□，烟开□□，曲壁□□□□□窗而杜俗驾，□□日□□□也，然□□石之长，金□□□□□□□□□□祇园之境不是□也，使后之□□者睹兹像教之盛，□□□□□□□□生之愿咸去恶而入善□□□□□□□□将□□宗风于不□，隆教其于无穷矣，而施建造之功德，岂不往生乐土而享极乐之福报哉？□□□□□□□□□□□山也立。而蒙少司空锡山惠庆顾公可学于嘉靖乙巳岁奉旨督理各处工程，开取石料，至于斯，各吟一律于其后。诗曰：（漫漶，从略）

敕命提督东厂官校办事前内官监管理太监马广

钦差提调山场兼督理各工石料内官监太监孙旗

大明嘉靖三十一年岁次壬子孟冬月吉日

碑刻说明

明刻。碑额篆书"重修金刚殿记"。此碑记载，嘉靖三十一年（1552）禅房寺住持海潮曾重修金刚殿。据明嘉靖二十年（1541）《重修禅房院记》，当年海潮为监寺，到嘉靖三十一年（1552），已由监寺升任住持。

碑文考释

嘉靖乙巳岁，嘉靖二十四年（1545）。碑文载："少司空锡山惠庆顾公可学于嘉靖乙巳岁奉旨督理各处工程，开取石料。"意思是，少司空锡山惠庆人顾可学，在嘉靖二十四年（1545）奉世宗圣旨督理各处工程，在大石窝石厂开采石料。《明史》列传第一百九十五"佞幸"："顾可学，无锡人。举进士，历官浙江参议。言官劾其在部时盗官帑，斥归，家居二十余年。瞷世宗好长生，而同年生严嵩方柄国，乃厚赂嵩，自言能炼童男女溲为秋石，服之延年。嵩为言于帝，遣使赍金币就其家赐之。可学诣阙谢，遂命为右通政。嘉靖二十四年超拜工部尚书。"可见，此年顾可学恰好被世宗任命为工部尚书，故奉旨督采石料。

据嘉靖三十五年（1556）十二月《大石窝关王庙竖立碑碣记》：营建慈宁宫、慈庆宫、大高玄殿、雷霆洪应殿，并营建郊庙坛宇诸工，屡命太监到大石窝石厂督工。内官监金书太监杜泰任钦差提调大石窝等处山场督理工程。

除杜泰，据此碑记载，少司空工部尚书顾可学，也曾于嘉靖二十四年（1545）奉世宗圣旨督理各处工程，在大石窝石厂开采石料。内官监太监孙旗在嘉靖三十一年（1552）前后，任钦差提调山场兼督理各工石料，到大石窝石厂采石。

○六六　重修禅房院记

□□物□地与天地□□为三者，以本性皆善，无不□□□之正气也。尝□诸□□□□□□□□噩噩，醉然闷于□目□腹之□□人□□不善者及□世善之名目念□而□善者之求报□恶更□如梁武帝之舍身与佛，□□宋徽宗之自号为道，后皇帝其好善□□可□□矣。□□而□□之速反兴，因□于合者何耶？岂天道无知若是耶？观□□□□□□韩昌黎谏佛骨，自足以破于古之迷而□不敢，安为之议也。虽然，又有说焉，□□□□□□目之后人多大五兽心，醉生梦死，曾经人食人，历而不知悟，倘悟之似□□□□人者惘□也□□之□□□□□□视为故本也，惟□之范仲淹家有不磕头顶礼，忻然信□若□者，或因佛教以为之兆，使之去淫、去盗、去杀、去贪嗔与嫉妒，徐俟□经，亦可以□□之本性之善乎。奉禅者坚曰：五蕴空中窥妙相，六根净处见如来。今之净六根，空五蕴者□□□□福又不可。

兹盛京西南房山县上乐村，金粟山之氤，有古刹禅房院者。传□有农力田于山亩，夜□铙□诵经之声，遂建此梵刹。真耶，幻耶？余亦不敢□其栋橑□□□寺之上有石洞泸涧，可以避兵难。山之下有一泓渚流，遇旱方竭，旱之甚□遇泉水溢□，则老□泽霖□。且黄龙矗于左，丹凤峙于右。此皆环寺之胜概也。其寺历年深远，栋宇朽折，□□□□之崇梵，不堪入目。本村善人李公扶全与乡耆杨公据德等公议，敦请禅僧性亮入内修葺。自顺治乙未起，陆续募朱提万余两，先修大雄正殿，次修伽蓝殿、祖师殿，又次修金刚殿、天王殿，又复缮禅堂三楹。前后上下，彻底见新。向多不堪入目者，今则光彩夺目矣。又连年□□□□善众云集，有窃窥女色而戏谈笑者，立特必扑于地，□□三□□而人始苏。此人之诚耶，神之灵耶？抑彰善瘅恶之必□明无二□耶？余□□□□□次寺，观神而天神在，明□灭间，好谈论女色者不自奇穷，必有奇祸。此亦一明验也。工竣，嘱余为之记。余目其□诚，与□修善事，□惑民人者不同，不便固辞，谨直述其颠末，以□□□□者之□□云。

大清康熙九年岁次庚戌菊月重阳前毂旦

房山县贡生李植繁熏手撰并篆额

住持僧性亮　　法徒海云

石匠高自林镌

碑刻说明

清刻。在北尚乐。通高152厘米，宽65厘米。碑额篆书，双勾题"重修禅房寺碑"。

碑文考释

顺治乙未，顺治十二年（1655）。

据此碑，清初，禅房寺破败，北尚乐善信李扶全、乡耆杨据德与村民商议，请僧人性亮入寺修缮，自顺治十二年（1655），陆续募银万余两，依次修缮了正殿大雄宝殿、伽蓝殿、祖师殿、金刚殿、天王殿，最后修缮禅堂三间。禅房寺的衰败，应该是因为明末清初社会动荡所至，此为清代第一次全面修缮。

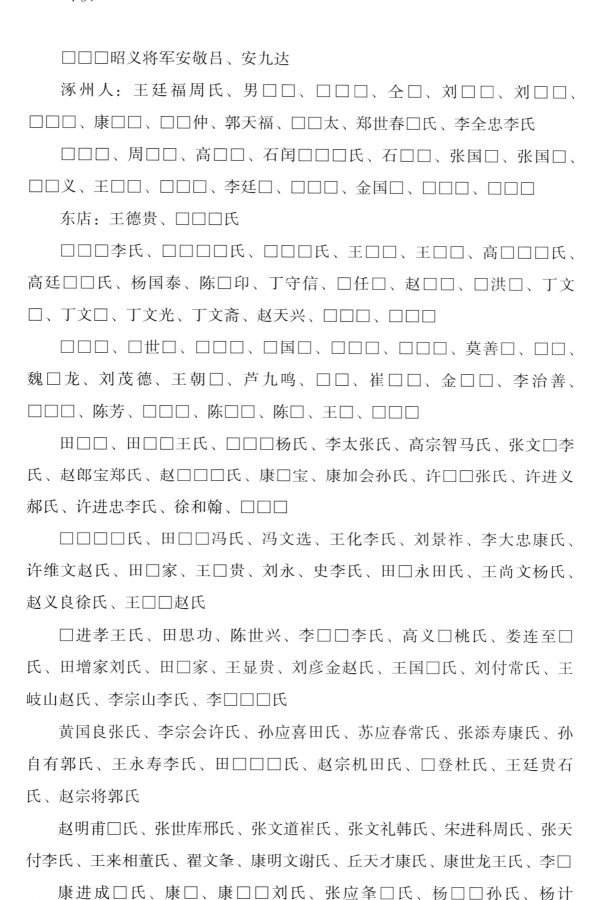

北尚乐

碑阴

□□□昭义将军安敬吕、安九达

涿州人：王廷福周氏、男□□、□□□、仝□、刘□□、刘□□、□□□、康□□、□□仲、郭天福、□□太、郑世春□氏、李全忠李氏

□□□、周□□、高□□、石闰□□□氏、石□□、张国□、张国□、□□义、王□□、□□□、李廷□、□□□、金国□、□□□、□□□

东店：王德贵、□□□氏

□□□李氏、□□□□氏、□□□氏、王□□、王□□、高□□□氏、高廷□□氏、杨国泰、陈□印、丁守信、□任□、赵□□、□洪□、丁文□、丁文□、丁文光、丁文斋、赵天兴、□□□、□□□

□□□、□世□、□□□、□国□、□□□、□□□、莫善□、□□、魏□龙、刘茂德、王朝□、芦九鸣、□□、崔□□、金□□、李治善、□□□、陈芳、□□□、陈□□、陈□、王□、□□□

田□□、田□□王氏、□□□杨氏、李太张氏、高宗智马氏、张文□李氏、赵郎宝郑氏、赵□□□氏、康□宝、康加会孙氏、许□□张氏、许进义郝氏、许进忠李氏、徐和翰、□□□

□□□□氏、田□□冯氏、冯文选、王化李氏、刘景祚、李大忠康氏、许维文赵氏、田□家、王□贵、刘永、史李氏、田□永田氏、王尚文杨氏、赵义良徐氏、王□□赵氏

□进孝王氏、田思功、陈世兴、李□□李氏、高义□桃氏、娄连至□氏、田增家刘氏、田□家、王显贵、刘彦金赵氏、王国□氏、刘付常氏、王岐山赵氏、李宗山李氏、李□□□氏

黄国良张氏、李宗会许氏、孙应喜田氏、苏应春常氏、张添寿康氏、孙自有郭氏、王永寿李氏、田□□□氏、赵宗机田氏、□登杜氏、王廷贵石氏、赵宗将郭氏

赵明甫□氏、张世库邢氏、张文道崔氏、张文礼韩氏、宋进科周氏、张天付李氏、王来相董氏、翟文夆、康明文谢氏、丘天才康氏、康世龙王氏、李□

康进成□氏、康□、康□□刘氏、张应夆□氏、杨□□孙氏、杨计

133

槐、周自成刘氏、王守金李氏、任□□王氏、康进□李氏、高有道李氏、□□□、□□□

宋□□刘氏、□自尚田氏、靳科隗氏、康世□王氏、康加正刘氏、赵宗亮赵氏、张自俭马氏、闫福才刘氏、田□家、李门□氏、张门□氏、闫门董氏、田门□氏

□□、崔□□、崔光□、崔光德、崔宗燨、□□、崔凤□、崔凤□、崔凤冈、崔凤洲、蔡世□、崔凤仞、仝之文、许学、何启光、崔凤贵

□天贵、何□□、尚邦大、崔□□、崔凤珍、崔凤璧、崔凤玺、崔祯、崔□。

门头村：马应全

鞍子口：侯清贵、□孝生

新庄村：崔□扬、崔□

南上乐：魏大任

王家庄：王□禹、张东□、王□□氏、□海、王甫□、李先秋、付光太、张贤、刘□、聂□□、□世禄、褚维本、□□

□□进、曹世官、刘添□、刘安祚、曹□□、陈家训、□大江、闫得富、张玉刚、刘添福、刘添禄□□、王永太、王守□、吕得良、郭□□、刘太、王天保、马贵秋、董成□、周□

本村：于国大任氏、刘大富高氏、张恩银李氏，管事杨得□高氏、杨得□何氏、□□、□似梧张氏、张起奉刘氏、于得时马氏、刘得贵、金三郑氏、杨起昌、尚中□□氏、郝□□、□□□□氏、杨仲才□氏、杨□□□氏、王九才、杨若桥崔氏、杨挺李氏、杨海□王氏、郝□□、□□□氏、□若林、□□□、杨□于氏、李敬杨氏、杨进福董氏、刘甫宝王氏、李文秀、杨□贵贾氏、杨仁□氏、杨□礼王氏、杨□亮王氏、王世道□氏、张大用任氏、崔永昌崔氏、崔永□郭氏、李明、李民玉□氏、李民即□氏、李民亮、李民代王氏、李□□氏、石进甫顾氏、张文□、杨□□杨氏、□氏、杨振邦孙氏、杨□□张氏、张得仝杨氏、张□□、张□□、刘□□王氏、李仁功、张□□王氏、□□、□茂春、武玉、张□□、杨门孙氏、李门顾氏、杨门张氏、李先□、□□□□氏、李有仁、李有义、李有能、李有□、李文闰张

氏、李忠狄氏、李□张氏、□□□赵氏、杨门张氏、杨门王氏

涿州：李门孔氏、郑门□氏

广禄庄：陈玉贵、周世英、胡公银

小白带：□邦奉、朱朝恩、万维□、李进孝、赵有全、黄□金、石朝玉、杨□月、□光宗

镇子营：崔□□、丁□、丁文智、李秉□王氏、□□□、李应明、相文芳、常□瑞、苏万福、张大山、□□□、李尚进、张洪节、丁世兴、张诰、李大用、李应春、郭清福

涿州：□□□、□□□、李文周、李孝童、汪其、会万先、佟进礼、王守贵、王明举、王□海、李成廷、崔富明、杨万良

宛平县：赵荣、王□□、□□□

曲阳县：王家起、王天有、王进江、王天好、王天成、王天玉、杨起相、李进得、刘玉会、王玉江

上洛：隗闰隆、杨门吴氏、□门□氏、□□金、刘□□、王门李氏、□□□史氏、张氏、刘氏、女□老□、王廷树孙氏、郭长银

东庄子：□道安

驸马庄：马子禄、王添禄

山西人：马政、李蒙□□□、陈门□氏

房山县吏员□洪亮、临城玉永太、□金

寺原有世传香火地，于顺治四年，因去肥产，恒业既失，丛林渐衰。至十二年分，前住持僧济存不忍圣像淋漓，大发弘愿，斜劝众施主礼僧性亮同修□□，蒙官炸厅悯其诚，□查有香火原业顶寺偏坡遗空零星地壹区，荒无人种，四顾蹲然，面许照旧开垦，永为香火之费，除遵奉犒例，每亩□□其余谅议钱粮每年交炸兵，土箸（著）俱不得侵夺。遵此鉥荆棘，开□□，渐次成熟，但硗确石底，旱则高皖炕干，潦则港沟□□。

克力殷勤，唇共赞礼。无负好善，积德美意。嗣此并垂，永远流芳。

为总开四至于后：

本寺原业香火地□成东至道与南山角齐，坎六系投□；南至大山，西至大山，北至炸军塘口迤北，南北地一段有内。

住持僧性亮□□□□□徒海□、海□、海禄、海福、海玉、海太、海□、海金　曲阳县□□□□□

碑文考释

据碑阴，重修禅房寺捐资者有北尚乐本村；南上乐，今南尚乐；新庄村，今辛庄村；王家庄，今王家磨；鞍子口，今属辛庄村；镇子营，今镇江营；东店，今石窝村地名。这些均属今房山区大石窝镇村落。

此外还有东庄子，今属房山区河北镇。广禄庄；小白带，今西白岱。上2村，今属房山区张坊镇。驸马庄，今杨驸马庄、襄驸马庄，属房山区石楼镇。

山西有马政等人捐资，涿州李文周、李孝童等十余人捐资，曲阳县王家起、王天有等10人捐资，宛平县赵荣等人捐资。碑中所记的门头村，清属宛平县，今属海淀区香山街道。

碑阴末记载了禅房寺重要的一段史实：禅房寺在寺顶半山坡，有一块世传香火地，清顺治四年（1647），被以"去肥产"的名义剥夺，失去了香火地，禅房寺逐渐衰落。顺治十二年（1655），住持僧济存不忍圣像淋漓，大发弘愿，劝众施主礼僧性亮同修。在北尚乐采石的官炸厅，感其诚，查出被去肥产的香火地撂荒，无人耕种，答应归还禅房寺，永为香火之费，条件是每年要按例向炸兵上交一些钱粮。

文中提到"炸兵"，应是清代派去采石的军队，之所以叫炸兵，当是以黑火药炸开采石，而"官炸厅"则是管理炸兵的机构。此前，人们一直以为大石窝开采汉白玉，以锤钻作工具，靠人力为之。这一记载表明，起码在清初，朝廷采石就已经用黑火药爆炸开采。

○六七　重修金粟山禅房寺碑记

会首杨乾同长男杨成己监督

盖闻不灭不生，释氏恒明心见性，非空非色，宗旨传自在菩提，祇树留万古之芳名，佛国接瞿昙之妙法。大千世界，苦海谁怜？于万斯年，慈航共仰。金粟山前禅房寺古，创建不知何代，重修肇自前明，天顺年之修理者一，嘉靖年之补葺者二。载在贞珉，班班可考。我朝定鼎以来，众善修缉不一，而前人姓氏未传。惟圣祖仁皇帝之九年，仅存碑记焉。嗟嗟！沧海桑田，盛衰难定。风潇雨晦，古今顿殊。嘉庆六年，上天之降灾殊甚，空山一庙，前代之遗迹难堪。至七年，而北尚乐之善人共愤，聊以补其倾颓。至八年，南禅室之修葺维新，用以安其居处，又因之创配殿，补群房。原期全体尽成，敢云半塗（途）而废？但人力不支，庄严未备，工程尚大，资助者谁？迨及九年，各村皆抒其诚，募化众善捐资，以符其用，弥勒、天王，倏焉壮丽，伽蓝、七宝，焕然整齐。山门因以创修，墙垣于似增制。黝垩之，丹漆之，虽由于我佛之黙佑。飞羣焉，鸟革焉，实出于信士之乐施。於戏！居诸代谢，风会递迁，后之视今，犹今之视昔，后之君子与我同心，今之庙堂庶几不朽，不禁穆然厚望焉。是以为记。

赐进士出身邑人徐梦陈撰文

房山县儒学生员杨成本书丹、杨成德碑额篆额

李德□施钱陆千文，杨起景施钱贰千文。

张连施钱贰拾肆千文，□祥施钱肆千五。

赵杰施钱贰拾捌千文，丁兴宗施钱陆千文。

会首杨乾施钱壹佰千文，于宽施钱陆千文。

金商杨顺施钱拾千，耿□施钱伍千。

杨起顺施钱贰拾千文，李进成施钱肆千文。

杨起昇施钱拾贰千文，张成施钱叁千文。

顺义局施拾伍钱千，李良魁施钱贰千文。

杨成花施钱贰千文，马吉良施钱伍千文。

时嘉庆九年岁次甲子孟夏上浣立石

住持僧住明　　石匠高焕章

碑刻说明

清刻。在北尚乐禅房寺。拓片高 190 厘米，宽 75 厘米。碑额篆书"重修禅房寺碑"。

碑文考释

自清顺治重修后，嘉庆年间再次全面重修。碑文记载甚详："嘉庆六年，上天之降灾殊甚，空山一庙，前代之遗迹难堪。"

考嘉庆六年（1801）六七月间，大雨连下一月，引发永定河决口，酿成五百年一遇的特大水灾，京师变为泽国，周边直隶省一百三十余个州县中，受灾地区达九十多个，堤防崩坍，房屋被毁，灾民流离失所。无疑，这场特大水灾，造成禅房寺坍塌损毁，所以碑文说"空山一庙，前代之遗迹难堪"。

嘉庆七年（1802），北尚乐村民对禅房寺草草修缮，嘉庆八年（1803），将南禅室修葺一新，寺僧有了安居之处。又创配殿，补群房。后因工程浩大，资金不足暂停。到嘉庆九年（1804），募化十方，建弥勒殿、天王殿、伽蓝殿等，创修山门，完砌庙墙，寺院焕然整齐。这是自顺治十二年（1655）以来，第二次全面修缮。牵头会首为北尚乐世家杨乾，监工为其长子杨成己。

此碑阳及碑阴第一次出现"北尚乐""南尚乐"的村名，为南、北尚乐村名形成提供了切实依据。据大石窝镇历代碑刻，北尚乐、南尚乐，金元时期原本为一村，为上乐里上乐村。明代弘治年间，才出现南上乐，今北尚乐仍名上乐，明嘉靖北尚乐才写作"北上乐"，清乾隆年间，"上乐"写作"上洛"，清嘉庆年间，写出"北尚乐""南尚乐"，沿用至今。

1.南尚乐、北尚乐，原为一村，唐以前为"上洛村"。

云居寺唐高宗咸亨五年（674）《庞怀伯等造像记》："上洛村刘相，息龙凤、亮仁、可武，妻刘。"

2.金元为上乐里上乐村。

北尚乐观音堂金泰和八年（1208）三月《张百琼建陀罗尼幢》："大金奉先县上乐里人也，姓张讳百琼。"

北尚乐元至正九年（1349）《元故杨生墓表》："余乡上乐里杨生，笃志道术而得年弗永，亦可悲哉。"

南尚乐延祐七年（1320）正月《康氏先茔碣铭》："康氏世籍涞阳之赤土里，其故茔尚可考，自曾祖某媵于上乐，遂隶房山。"康氏居今南尚乐，故此知元时村名"上乐"。

可见，金元时期，今北尚乐、南尚乐同属上乐里上乐村。

3.明中期，今北尚乐仍名上乐，其西南的聚落独立成村，名南上乐。明嘉靖年间，"上乐"因"南上乐"而称"北上乐"。

北尚乐明天顺五年（1461）一月《重修禅房寺之碑》："房山县治西去七十里，有村曰上乐，村之西二里许有山巍然高大者，金粟山也。"

南尚乐村明弘治十六（1503）年十月《重修兴禅寺碑记》："今涿州房山县张坊里南上乐村中有古刹，名曰兴禅寺。"

北尚乐明嘉靖七年（1528）五月《龙王庙重修碑记》："房山邑西，村有上乐，上乐村西有古龙王庙。"此之上乐，为今北尚乐。

明嘉靖二十年（1541）十二月《重修禅房院记》碑阴："北上乐村施主李达张氏，舍主舍地一亩……南上乐村康洪刘氏。"

综上，明弘治十六年（1503）前，原位于上乐村西南的聚落独立成村，名南上乐，以区别于上乐村。明嘉靖二十年（1541），上乐因在南上乐东北，故称北上乐，始出现南北上乐两村并称。

有时，当地还会习惯省去"南""北"，两村皆称上乐，由于在某些年代属于不同的里，所以也不至于造成混乱。这种现象直到明末。

比如：广润庄明天启元年（1621）七月《房涞涿三县分水碑》："独树里上乐村：田□五十工、许新桂廿工、陈志仁五工、赵进举三工、许登仕十工、许有桂三工、李世禄三工、田有春三工、米璞三工。""张坊里上乐村：张文华六工、郑有道三工、康世官三工、康承恩三工、石若玉十工、康□瑛三工、康登高三工、康世祥三工、康世良三工……"

北尚乐嘉靖三十一年（1552）十月《金粟山禅房寺重修金刚殿碑记》："疏白于本山上乐村善友。"此上乐，为今北尚乐。

4.清康熙年间后，再次出现"上洛"，上乐、上洛并用。

北尚乐清康熙九年（1670）九月《重修禅房院记》："盛京西南房山县上乐村，金粟山之翼，有古刹禅房院者。"北尚乐乃写作"上乐"。碑阴："本村：于国大任氏、刘大富高氏……上洛：隗闰隆、杨门吴氏。""本村"指北尚乐，此处的"上洛"当指今南尚乐，这是自唐代以后第一次出现"上洛"。

南尚乐清康熙四十八年（1709）九月《重修兴禅寺碑》："邑西南乡南上

乐村父老二三人诣余跪而请曰：介村之中有兴禅寺，创于唐代，已历千三百载，其重新不知凡几。"

南尚乐清乾隆二十三年（1758）九月《重修兴禅寺碑记》："古涿郡房山县之西南乡南上乐村有寺昌然，名兴禅。"

辛庄村清乾隆三十一年（1766）五月《重修隆阳宫大殿建立禅堂成砌群墙置买并施舍地亩等事序》："上洛田自修等。"田姓为南尚乐姓氏，故此处"上洛"乃为今南尚乐。

5.清嘉庆年间，才出现今"北尚乐""南尚乐"的写法。

北尚乐嘉庆九年（1804）四月《重修金粟山禅房寺碑记》："至七年，而北尚乐之善人共愤，聊以补其倾颓。"下文碑阴："北尚乐：白本□施钱叁千，杨遇青施钱叁千……南尚乐：田其施钱拾千文，田□施钱伍千文，耿□施钱肆千文，隗连捷施钱壹千文。"

此后，一般写作"北尚乐""南尚乐"，有时或有反复，写作"南上洛""北上洛""南上乐""北上乐"等。

清道光二十八年（1848）八月《重修虫王庙增财神龙王像设因改词名曰美报祠碑序》："隶房邑西南乡南尚乐村，旧有虫王庙一楹。"

清道光十一年（1831）二月《刘士光墓碑》："择于房邑南上乐村之西北，卜其安宅，建立新茔。"

6.清代晚期，北尚乐、南尚乐的村名写法固定下来。

辛庄村同治二年（1863）九月《八村公议条款序》："北尚乐：杨廷楷、杨葆元、马秉宽、高自良、马永、张久春"，"南尚乐：石进魁、隗连恒、赵国栋、隗焕文、刘达、隗□、任佩济、李凤楼"。

北尚乐光绪五年（1879）《重修禅房寺碑》："房山县北尚乐村金粟山禅房寺，不知始自何时。"

碑阴

□□□施钱叁千伍，□□□施钱叁千伍，□□□施钱叁千伍，□□□施钱叁千伍，隆□□施钱壹千伍，□□□施钱壹千伍，□□□施钱壹千伍，□兴店施钱壹千伍，□合厂施钱壹千，□兴号施钱壹千，□来厂施钱壹千，隆兴号施钱壹千，杨□□施钱壹千，□□□施钱壹千，□□□施钱壹千，□□□施钱壹千，□天贵施钱壹千，□天□施钱壹千，□天□施钱壹千。

长沟：□□当施钱壹千，□□□施钱壹千，□□□施钱壹千，□□□施钱壹千，公□□施钱壹千，□□□施钱壹千，□□泰施钱壹千，□□□施钱壹千，□□□施钱壹千，□□□施钱壹千，□□□施钱壹千，□□□施钱壹千，□德□施钱叁拾千。芦村：□元□施钱拾千，□□施钱伍千，永□店施钱贰千。西疃：众善人施钱陆千伍。石窝：李永恒施钱伍千，□顺局施钱伍千，□隆号施钱叁千，郝明宗施钱叁千，□□□施钱叁千，□顺号施钱贰千，赵吉人施钱贰千，王兴国施钱壹千，刘福兴施钱壹千，刘福□施钱壹千。广润庄：王□□施钱肆千，王□□施钱叁千，王得住施钱叁千，陈荣施钱贰千，李兰施钱贰千，崔成施钱壹千，杨印施钱壹千□，义自成施钱壹千□，义盛□施钱贰千柒。北正：□□号施钱肆千□，□□□施钱叁千□，于尚义施钱□千式。涿州城：聚盛泰店施钱叁千，锦□楼施钱贰千，兴□号施钱贰千，庆和号施钱贰千，□德号施钱壹千，李捷魁施钱壹千，□成号施钱壹千，合义菓店施钱壹千，中正号施钱壹千，九如居施钱壹千，永茂号施钱壹千，源兴号施钱壹千，位育堂城施钱壹千，东兴号施钱壹千，杜恒川施钱壹千，信成局施钱壹千，庆新堂施钱壹千，福昇楼施钱壹千，大元号施钱壹千，兴士□施钱壹千，永顺号施钱壹千，刘士亮施钱壹千。兴盛屯：王斌施钱捌千，□□□施钱□千，刘进贤施钱贰千，陈瑞施钱壹千，□德施钱壹千，王国梁施钱肆千，蔡□施钱贰千伍，王国材施钱壹千，蔡□施钱壹千，蔡□施钱壹千。北尚乐：白本□施钱叁千，杨遇青施钱叁千，杨成富施钱贰千，马俊施钱壹千，杨成立施钱壹千伍，□□魁施钱壹千，杨宗亮施钱壹千伍，宋光施钱壹千伍，杨官施钱壹千伍，赵振福施钱壹千伍，杨三成施钱壹千，郝三喜施钱壹千，杨兴施钱壹千，杨瑞施钱壹千，李旺施钱壹千，高□施钱壹千，王珍施钱壹千，李邦施钱壹千，王均施钱壹千，张全福施钱壹千，杨忠施钱壹千，泉成芳施钱壹千，王百川施钱壹千。太谷县：王村赵连□施钱伍千，赵连□施钱伍千；东里蔡□珠施钱□千；任村任士超施钱□千；河西王世耀施钱□。石门：邢兆麟施钱肆千，王□兴施钱拾伍千，□□□施钱壹拾伍千。王各庄：□英施钱壹千，众善人施钱壹伍千，隗廷梅施钱叁千。南正：众善人施钱陆千。高家庄：周云□施钱伍千，周□施钱伍千，高自持施钱伍千，周天祐施钱□千，高自文施钱□千，孙禄施钱壹千，高□施钱壹千，高□德施钱壹千，高自贵施钱壹千，高自秀施钱壹千，高廷□施钱壹千，高廷清施钱壹千。半壁店：恒泰号施钱壹千，西顺源施钱叁千，高纶施钱叁千，广顺号施钱壹千，庆元店施钱壹千，高□礼施钱壹千，高□施钱壹千，高□□施钱壹千。北龙泉：□□□施钱肆千，□□□施钱□千，□□□施钱□千，□□□施钱□千，周□□施钱□千。南尚乐：田其施钱拾千文，田□施钱伍千文，耿□施钱肆千文，隗连捷施钱壹千文，石广泰施钱壹千文，□□□施钱壹千文，□□□施钱壹千文。赵村：丁克□施钱肆千，丁□□施钱壹千，丁国祥施钱壹千。良乡县：宁泰号施钱贰千，湧泉号施钱贰千，曹林施钱贰千，张灏施钱叁千，刘承瑾施钱贰千，安建子施钱贰千。高村：仇明施钱□千伍，仇哲施钱贰千，戎奠邦施钱壹千，郭天义施钱壹千。龙安村：刘守刚施钱肆千。片上：白天成施钱贰千，白□飞施钱贰千。北白岱：殷□施钱□千，赵□□施钱□千，贾文胜施钱贰千，苏文魁施钱□千。小白岱：王慧□施钱壹千，杨起华施钱叁千，郭□□施钱叁千，于明□施钱贰千，陈良玉施钱壹千，长泰号施钱壹千，□□□施钱壹千，陈□□施钱壹千，陈□□施钱壹千。新庄村：宋惠施钱壹千，戴麟施钱叁千，李进忠施钱壹千，崔立中施钱壹千伍，张显名施钱壹千伍，崔然施钱壹千，崔大□施钱壹千，永丰局施钱贰千，公盛号施钱壹千，□兴当施钱壹千，留余号施钱壹千，顺隆店施钱壹千，□□号施钱壹千，茂□号施钱壹千。北务：杨□施钱伍千，杨□施钱□千，戚国贤施钱□千。□□村：张鹏施钱□千伍，刘□□施钱□千，刘红明施钱□千，张□□施钱壹千，□□□施钱□千。惠南庄：杜芳施钱壹千文，袁志施钱壹千伍，徐亮施钱壹千伍，钱起先施钱壹千文，李永顺施钱壹千文，冯立玉施钱壹千文，李永方施钱壹千文，李永宁施钱贰千文，陈□祥施钱壹千文，郭洪泰施钱壹千文。毛家屯：众善人施钱肆千文。正子营：众善人施钱陆千七，高士章施钱壹千文。庄头村：张湧□施钱壹千文。□家□：刘景泗施钱贰千伍。陈家洼：杨先模施钱壹千伍，王□栋施钱壹千文，卢翰虬施钱壹千文，杨□魁施钱壹千文。史各庄：李□林施钱壹千文，□□□施钱贰千伍，王□□施钱壹千文。涿州城：□合楼施钱壹千文，万□楼施钱壹千文，南和□施钱壹千文，□□□施钱壹千文。虎过庄：□□□施钱壹千文，□□□施钱□千文，赵□施钱壹千文。陈家□：□景□施钱千。□□□：于□□施钱贰千文，□荣施钱贰千文。石亭：石局施钱壹千文。□□□：魏成□施钱贰千文。马□□：刘瑞施钱壹千文，刘□施钱壹千文。郭□□：郭宽施钱贰千文，郭宁施钱贰千文。□□□：李凤智施钱千文，刘□施钱壹千文，□□□施钱壹千文，□□施钱壹千文。□□□：□□□施钱壹千文，□□□施钱壹千文，□□施钱壹千文，□贵施钱壹千文，刘□□施钱壹千文。□□□：□□□施钱千□文，□□□施钱□千文，□□□施钱千□文，□□□施钱□千文，□□□施钱千□文。□□□：□□□施钱□千文，□□□施钱千□文。南白岱：□□□施钱□千文，□□□施钱□千文，□□□施钱□千文，□□施钱□千文，郑文□施钱□千文，□国□施钱□千文，□□□施钱□千文，刘□志施钱□千文，□□□施钱□千文，□□□施钱□千文，□□□施钱□千文。南□□：□□□施钱□千文，□□□施钱□千文，□□□施钱□千文，□□□施钱□千文。□□□：□□□施钱□千文，□□□施钱□千文，□□□施钱□千文。□□□：□□□施钱□千文。□□□：□□□施钱□千文，□□□施钱□千文，□□□施钱□千文，隗□□施钱□千文，□□□施钱□千文。

碑文考释

碑阴记载了捐资众善芳名，捐资涉及直隶房山县、良乡县、涿州，以及山西太谷县四州县。

大小商号74家，其中房山县44家：北尚乐顺义局、隆兴号等12家，石窝村5家，新庄村永丰局、公盛号、留余号、顺隆店等7家，半壁店恒泰号、西顺源、广顺号、庆元店等4家，广润庄义自成等2家；长沟13家，北正村1家。良乡县5家，县城宁泰号、湧泉号2家，卢村3家。涿州城24家，聚盛泰店、庆和号、合义菓店、中正号、九如居、永茂号、源兴号、位育堂、东兴号、杜恒川、信成局、庆新堂、福昇楼、大元号、永顺号等均在涿州城内。涞水县 1 家：石亭石局。

捐资村庄 46 个。其中房山县 19 村。北尚乐；南尚乐；广润庄；惠南庄；石窝；石门；半壁店；正子营，今镇江营；新庄村，今辛庄村；高家庄，今高庄村，以上 10 村，今属房山区大石窝镇。长沟、南正、北正 3 村，今属房山区长沟镇。史各庄；片上；南白岱；北白岱；小白岱，今西白岱；陈家洼，今广禄庄，以上 6 村，今属房山区张坊镇。

良乡县 2 村：芦村、庄头村。芦村，今属房山区窦店镇。庄头村，今属房山区琉璃河镇。

涿州 6 村：北务、兴盛屯、西疃、高村、赵村、毛家屯。北务，今属河北涿州市东仙坡镇。兴盛屯村，今属河北涿州市孙庄乡。西疃，今属河北涿州市东城坊镇。高村，今属河北涿州市豆庄镇。赵村，今涿州市百尺竿镇赵庄村。毛家屯，今涿州市百尺竿镇。

涞水县 5 村：石亭、王各庄、北龙泉、虎过庄、龙安村。石亭、北龙泉，今属河北涞水县石亭镇。王各庄、龙安村，今属河北涞水县宋各庄乡。虎过庄，今属河北涞水县娄村乡。

山西太谷县 4 村：王村、东里、任村、河西。王村、东里，今属山西晋中太谷县小白乡。任村、河西，今属山西晋中太谷县任村乡。

其他 10 村难以确认。

○六八　重修禅房院碑记

清苑县廪膳生陈鉴序

本邑生员许凤池书

廪膳生杨廷栋题额

金粟山禅房寺，古刹也。创建不知何代，惟重修之碑碣历历可考焉。乃经风雨损坏，禅堂围墙尽归倾圮。北上乐村杨公讳成已怛焉悼之，因会同诸会首杨成德、杨成玺、杨成花、杨廷栋、杨宽、王瑞和、马进、丁凤冈、李进学，辛庄村王荣等募化四方，建立禅堂十数间，周围墙垣皆复完整，以及佛殿山门，焕然一新。迄今墙高数仞，美富莫窥，径曲通幽，花木繁植，金三宝相，永藉安闲，息心了义，终焉游集。庶几荫垂宝树，象雨露之无私；泽滞浚波，屡丰享之是庆。已因记其事，复赘以辞曰：

禅房古寺，居山之巅。历年久远，风雨摧残。室无容膝，墙不及肩。

杨公成己，目击难堪。邀集乡众，乐善欣然。兴言修葺，焕然改观。

象设既辟，晬容已安。神足游息，灵心往还。慈云普被，法雨无边。

凡我土宇，屡庆丰年。功成勒石，永垂不刊。

会首杨成己施钱贰千文。

本寺地租交门头沟炸军安公钱十五千六百文。安公讳国吕，愿年年施米两石，代代相继，自乾隆廿年以迄于今至其孙安如□已历三四世，未尝间断，可谓善门信士，派远流长者矣。因勒石以为之记。

杨成花监造　杨廷楷经理　杨廷桩监管

大清道光九年岁在己丑冬十月榖旦立

住持僧人澄缘　王树本刻

碑刻说明

清刻。在北尚乐禅房寺。拓片高 238 厘米，宽 83 厘米。碑额篆书"千古不朽"。

碑文考释

此碑记载了清代道光九年（1829）第三次重修禅房寺经过。

当年"经风雨损坏，禅堂围墙尽归倾圮"。北尚乐杨成己，会同诸会首杨成德、杨成玺、杨成花、杨廷栋、杨宽、王瑞和、马进、丁凤冈、李进学，辛庄村王荣等募化四方，重建禅堂十几间，周围墙垣完整，佛殿、山门焕然一新。发起人杨成己首捐两千文，工程由杨成花监造、杨廷楷经理、杨廷桩监管。

碑末记载，禅房寺"地租交门头沟炸军安公钱十五千六百文"，自乾隆二十年（1755），安国吕年年施米两石，安国吕之后，其子继之，之后其孙继之，代代相继，已历三世，从未间断。故记之以彰安门代代之善。

据清康熙九年（1670）九月《重修禅房院记》，禅房寺向炸军交地租自顺治十二年（1655）始，当时称"炸兵"，炸兵当年在北尚乐采石，查出禅房寺顺治四年"去肥产"撂荒香火地，经交涉，归还禅房寺，但禅房寺每年要向炸兵交地租。这块香火地四至有"北至炸军塘口迤北"的话，故知当年炸兵驻防北尚乐采石，并设官炸厅，不知何因，到乾隆二十年（1755）前，移防门头沟，且未免禅房寺地租，每年仍得地租钱一万五千六百文。

○六九　重修禅房寺碑

今将探山林之奇观，节升降之劳苦，则必托趾于方外之精庐，藉轩楹以供憩息，台榭以快登临。士大夫时而游焉，俯仰之间，冈峦、林薮、城邑、村墟争涌现于几席之下，而不见劳，于是乐其胜概，发为辞章，后之君子犹踵访旧游，修完遗迹，长存风疋而山与寺因之以并传。若夫一乡、一邑、一祠、一宇之外，亦必有缁流焉，斩荆榛，辟岩岫，大启梵宇，以奉金身。其创始也竭民财，其数修也疲民力，而民亦不甚爱其财若力，而乐为趋事赴功，抑又何也？盖以佛之入中国者久，人民之信佛者深，所在以金阶崇土木，以僧伽职鱼鼓，沿为风俗，不令而行，无足怪者。或者过神其说，谓一寺之兴，皆关佛力。则佛有不尽然者何也？观于佛寺之废兴知之，观于禅房寺之废兴而益知之也。

房山县北尚乐村金粟山禅房寺，不知始自何时，惟道光九年，曾经杨公敬修昆季者首领其事，与村诸董事发大力宏愿，重修复整，斯殿宇金碧，输奂辉煌，以及僧室缭垣，规模大具，前后又焕然一新。由斯以观，已足见有关人力焉。

越及近年，主僧不臧，寺复就荒，村人悯焉。即敬修公之嗣孝廉廷楷者，亦恐先人之善果就湮，且先此诸檀越之功德一旦归于尽也。故易其僧而屡欲整饬其事焉，惜未举而长去也。何幸今僧然定者跰锡于此，不忍颓废，乃奋然以兴复为己任，不惜捐资倾囊倡议，寔能尽其分所宜为焉。而村中诸首事，亦均重其义而莫之拂焉。且至杨氏者几以先人曾职斯役也，其尤莫能少后，虽任劳任怨，所不恤焉。故鸠工庀材，幸远近赍助而功遂告成。自今来是寺者，登高明而远眺，得林泉之胜，无风雨之虞，游焉息焉，山水清音传诸笔墨，禅房不亦增重乎？然一推其由，则深感远迩仁人之好善不倦也，而更喜村诸首事之众心诚焉，使先父老并杨氏敬修诸公之美与缘尚未尽也。且究喜住僧然定之志可嘉也，即他日归美于远近村众诸人者，亦未有不并归美于然定者也。可为之进一说曰：无人相，无我相，佛化之三昧也。于是书其事而纪其善云。

恩贡生候选州判七十五岁邢肇翰撰文

贡生候选儒学训导杨锡爵、贡生光禄寺署正保举行走杨海峰仝校字

本邑生员张桂一书丹

首领孝原公廷楷之嗣太常寺司乐杨赞元同侄海峰

首事国子监典籍杨启元、岁进士杨建元、武庠生杨肇元、杨天玉、杨连□、马秉宽、高自良、赵启、王山、张孝、赵万清、宋秉政、丁喜、赵祥、赵全、赵守正、赵喜

杨建元施钱伍吊，杨梅元施钱伍吊，杨肇元施钱肆吊，杨得元施钱仨吊，杨启元施钱拾伍吊，杨□□施钱拾伍吊，杨□□施钱拾伍吊

总监督修工事务住持僧然定重修立石　　匠人王邦昌刊石

时大清光绪五年岁次己卯小阳十月上浣榖旦

碑刻说明

清刻。在北尚乐禅房寺。碑额篆书"名垂千古"。

碑文考释

此碑记载了清光绪五年（1879）第四次重修禅房寺经过。

自道光九年（1829）重修至光绪五年（1879），历时50年，其间主僧不善，至寺院荒废。当年重修禅房寺时牵头主事的杨成己之子杨廷楷，也是当年工程的经理人，唯恐前功尽弃，他更换了禅房寺主僧，几次筹备重修，可惜未果而逝。后来僧人然定驻锡禅房寺，不惜捐资倾囊，倡议重修，村中首事人及杨氏家族积极响应，远近资助，鸠工庀材，功遂告成。

从该碑记载看，光绪年间，北尚乐杨氏一族门楣兴旺：

杨锡爵，贡生候选儒学训导；

杨赞元，太常寺司乐：

杨启元，国子监典籍；

杨建元，岁进士；

杨肇元，武庠生；

杨海峰，贡生光禄寺署正保举行走。

碑阴

□山□：王廷贵钱一千，□东钱一千。普利庄：周俊钱一千，□□兴钱一千，张□仲钱一千，□春和钱一千，侯有功钱一千，□成功钱一千，□文成钱一千，□志德钱一千，□志永钱一千，蔡效成钱一千，蔡立常钱一千，孙祥钱二千，蔡芳□钱一千，侯喜钱一千，蔡达钱二千，□景□钱一千。下滩村：公会钱伍千，刘正君钱一千，周□钱二千，王贵仲十六千。板城：赵凤军钱一千。□家庄：公会钱三千，范忠文钱一千，燕文兴钱一千，姚志福钱一千，王连平钱一千，李刚钱一千，□祥钱一千。吕家甫：田大文钱二一千。沈家台：□□□钱一千，□□钱一千，穆□□钱一千。北白岱：□□钱一千，□□□钱一千，□□□钱一千，王财钱一千。惠南庄：钱雄月钱三千，崔云亮钱一千，崔文庆钱二千，周成祥钱一千，杨嗣珑钱一千，杨惠仲钱一千，钱维成钱一千，袁文均钱三千，袁文安钱一千，周志田钱一千，侯志钱一千，徐□□钱一千，袁润三钱一千，李荣钱一千，莫连钱五千。板城村：晋明远五一千，崔彦钱一千，刘珍钱一千，刘□钱一千，许龙钱一千，刘茂钱一千，□天才钱一千，车坤钱一千，史绳武钱二千，王知德钱一千，刘俊钱一千。塔照村：丁宝田钱二千，丁文田钱二千，丁一然钱二千，丁□然钱二千，丁祥然钱二千，丁洁然钱一千，丁快然钱一千，丁兆香钱一千，丁振□钱一千，丁安然钱一千，苏安钱一千，□□□钱一千。长沟镇：财神会施钱廿千，瑞和成钱廿二千，双兴号钱八千，永安堂钱□千，永顺成钱六千，鲁德全钱三千，利仁堂钱二千，双庆面甫钱二千，公源义钱一千，义德成钱一千，天福长钱一千，王连钱一千，高秉训钱二千，高□□钱一千，李□顺钱一千。三良各庄：朱福钱一千，朱□钱一千，□和钱一千田志，田志钱一千，田成山钱一千，田成□钱一千，郝廷珍钱一千，朱维顺钱一千，高铨钱一千，田遇奉钱一千，朱树德钱一千，傅连茹钱一千，傅连山钱一千，傅连山钱一千。又长沟：德合成钱四千，永兴和钱三千，万丰恒钱一千，韩忠钱一千，郭永志钱三千，朴□钱一千，贾宽钱一千。半壁店：高仲和钱一千，赵□□钱一千，宗绪钱一千，□文元钱一千，顾鸿钱一千，高永钱一千，高春云钱一千，高中春瀛钱一千，永顺号高钱一千，高□海钱一千，戴珍钱一千，高峻钱一千，赵男钱一千，魏禄庆钱一千，王振兴钱一千，宋惠钟钱一千，□□□□钱一千，□□□钱一千，通和号钱一千，□景增钱一千。六甲房：钱三千。岩上：张连才钱一千，张□钱一千，张玉钱一千，张□□钱一千，张□□钱一千，张祖成钱一千。张□□、张□□、张潮、王克昌、张潞共钱四千。张□钱一千，张□钱一千，张维清钱一千，贾□钱一千，贾永□钱一千，苏之山钱一千，□□□钱一千。塔照村：蔡永茂钱一。丁超然钱一千，丁林然钱一千，丁振书钱式千五，李润生钱一千。宋家营：宋廷贵钱一千，宋文顺钱一千，宋德仁钱一千，宋宽钱一千，宋山钱一千，宋杰钱一千。许家磨：许计昌钱一千。大峪沟：杨永春钱一千。镇家磨：董福许钱一千，董□钱一千，高建禄钱一千，王廷魁钱一千。小白岱：陈士才钱一千，□福春钱一千，于锡龄钱一千，杨振山钱一千，穆连春钱一千，四善堂钱三千，于振清钱三千，郭维森钱二千，陈绍□钱三千，杨□春钱三千，王玉□钱三千，郭□钱三千，郭维均钱三千，周立□钱一千，邵连科钱二千，宫斌钱一千，高凤禹钱一千，魏□山钱一千，吉利班钱式千，义□□钱式千。毛家屯：□□钱一千，王德花钱一千，王兴顺钱一千，张顺钱一千，冯家让钱一千，陈瑞钱一千，尹德修钱一千，温平钱一千，雷上□钱一千，王鸿贵钱一千，董祯钱一千，刘春梅钱一千，樊□钱一千，邵永茂钱一千，刘义钱一千。鸽子园：义盛局钱廿千。史各屯：李春元钱二千，吴德之十一千。张坊镇：义□□钱拾千。涿州：□合升钱一千，永□□钱一千。西疃村：□□亮钱一千，田宝钱一千，北吉利钱一千，李□

汉钱一千，郑□□钱一千，郭□□钱一千，张□钱一千，李□□钱一千，李凤龄钱一千，李鹤林钱一千，田德荣钱一千。□坊：□□□钱一千。王家屯：□□宫钱拾吊。东城坊村：陈章钱一千，陈锦钱一千，张立功钱一千，刘会钱一千。官仙营村：□□钱拾吊。茂林庄：□□钱□一千，王成钱一千，金瑞祥钱廿千，贾安邦钱一千，常大□钱一千，唐荣钱一千，陆德材钱一千，孙清和钱一千，孙中和钱一千，黄义钱一千，□□□钱一千，冯德路钱一千，康□□钱一千，蔡永□钱一千，冯□□钱一千。西城坊：□□钱拾吊。深州城：长顺号施钱一千。镇江营：施钱七千。高村：施钱四千。北正村：公施钱二千。广禄庄：杜成彦钱一千，方桐钱一千，穆振清钱一千。坟庄：忠惠堂钱三千钱一千。高家庄：高岑钱一千，周瑞钱一千，高永功钱一千，高继常钱一千，周永登钱一千，高廷献钱一千，周永寿钱一千。前石门：邢霖皋钱三千，邢炳轩钱二千，邢鲲□钱二千。邢子九，邢仰山钱三千，张娄钱一千，纸坊：□□钱四千，隗大宗钱一千，隗大来钱一千，隗仕元钱一千，隗志祥钱一千，隗志林钱一千，隗志信钱一千。南正：公会钱拾千，□泰钱一千。北甘池：工顺钱一千五。南白岱：荣国良钱一千五，王玉堂钱一千，于鹏龄钱一千，王玉□钱一千，玉成兴香□钱二千，□□荣钱一千，□□春钱一千。王家庄：任中常钱一千，晟成油房钱四千，李和钱一千，张永贵钱一千，高□钱三千，高文炳钱三千，高文祥钱一千，高文□钱四千，高荣钱一千，张玉钱二千，高文陆钱一千，褚任钱一千，范尚林钱一千，刘顺钱一千，张仲虎钱一千，王永贵钱一千，尚成贵钱一千，李恒德钱一千，向致和钱一千，王德禄钱一千，许文慎钱一千，王受宜钱一千，王步相钱一千，李文和钱一千，陈和钱一千，王步周钱一千，周尚文钱一千，许明宽钱一千，王凤山钱一千。广禄庄：芦文清钱三千，芦文和钱二千，许俊钱一千，许文忠钱一千，李景林钱一千，李茂林钱一千，芦文焕钱一千，杨景文钱一千，杨庆元钱一千，赵成□钱一千，杨□钱一千，王德□钱一千。南上洛：田增钱廿千，田殿魁钱十千，田得荣钱五千，石进魁钱五千，史玉钱四千，李尚林钱四千，石振清钱一千，石振邦钱一千，赵德魁钱二千，李浩然钱三千，杜连恩钱四千，耿明钱一千，王永□钱一千，袁九龄钱一千，韩瑞钱一千，王进□钱一千，赵安钱二千，韩富玉钱一千，田永祥钱一千，隗

□钱一千，隗顺钱一千，隗宽钱一千，刘玉玲钱一千，刘邦顺钱一千，刘郝钱一千，张大杰钱一千，刘永祥钱一千，赵德潇钱一千，刘永清钱一千，王言钱一千，李荣钱一千，隗□钱二千，史贵祥钱一千。又北□：赵□钱一千，杨天惠钱一千，杨天德钱一千，杨□钱一千，赵□钱一千，□亮钱一千，刘全□钱一千，李□福钱一千，□□钱一千。北上乐：杨启元钱五十千，杨海峰钱一佰吊千，丁淇钱十七千，赵万清钱三千，袁□钱十三千，杨天玉钱十千，宋秉政钱十千，赵全钱□千，丁环钱□千，赵起钱五千，马秉宽钱五千，高自良钱五千，高义成钱二千，丁喜钱二千，赵祥钱四千，张得富钱三千，马章钱三千，宋国兴钱八千，赵智钱四千，丁祥钱八千，高山钱一千，王庭安钱一千，赵□友钱一千，赵清连钱一千，赵清一钱一千，李德起钱一千，宋秉荣钱一千，赵世□钱一千，马殿卿钱一千，赵清海钱一千，张礼钱一千，杨山钱一千，杨万宁钱一千，杨廷相钱一千，杨安钱一千，于文玉钱一千，李智钱一千，杨□钱一千，杨万大钱一千。石窝村：王山钱二千，赵守政钱二千，丁喜钱一千，杨连钱二千，赵清亮钱二千，赵清玉钱二千，杨万清钱二千，杨万春钱二千，高进禄钱二千，李茂钱二千，赵凤旺钱二千，赵明钱二千，赵守福钱二千，杨天起钱二千，杨占元钱二千，丁和钱二千，杨万成钱二千，刘士信钱二千，马殿相钱二千，杨万友钱一千，宋玉声钱一千，王泰钱一千，李进文钱一千，赵清□钱一千，赵清大钱一千，赵清兴钱二千，李得贵钱一千，宋秉衡钱一千，赵长卿钱一千，马殿元钱一千，杨立钱一千，王世元钱一千，杨万合钱一千，杨万顺钱一千，杨廷辅钱三千，高□仁钱二千，王德仁钱一千，蔡昆富钱一千，高起钱一千，李祥钱一千，赵文兴钱一千。

碑文考释

据碑阴，捐资来自房山县、涿州、涞水县、深州共 4 州县、2 城、46 村、22 家商号。

两城分别为涿州城和深州城。其中涿州城两家商号，深州城一家商号。涿州城即今河北涿州市，深州城即今河北深州市。

房山县 29 村。岩上村，惠南庄，纸坊，前石门，石窝村，半壁店，塔照村，镇江营，大峪沟，下滩村；高家庄，今高庄村；王家庄，今王家磨；南上洛，今南尚乐；北上乐，今北尚乐；镇家磨，今郑家磨。以上 15 村，今属房山区大石窝。广禄庄，南白岱，北白岱；史各屯，今史各庄；小白岱，今西白岱。以上 5 村，今属房山区张坊镇。长沟，坟庄，北甘池，北正村，南正村，六甲房；三良各庄，即南良各庄、北良各庄、东良各庄。以上 9 村，今属房山区长沟镇。

涿州 10 村。西疃村、宋家营、东城坊、西城坊 4 村，今属河北涿州市东城坊镇；王家屯，在河北涿州市东城坊镇，今无此村。普利庄、毛家屯、茂林庄、官仙营村 4 村，今属河北涿州市百尺竿镇。高村，今属河北省涿州市豆庄镇。

涞水县 4 村。板城村，今属河北涞水县赵各庄镇。沈家台，今属河北涞水县王村乡。许家磨，今属河北涞水县石亭镇。吕家甫，今名吕家铺，属涞水县其中口乡。

鸽子园，北尚乐地名。民国四年（1915）十二月《杨锡恩墓碑》："北尚乐村东数里许地名鸽子园。"

另有 3 村归属不详。

捐资商号涉房山、涿州、深州两州一县 22 家：

其中房山县 18 家。长沟镇 12 家，分别是瑞和成、双兴号、永安堂、永顺成、利仁堂、双庆面甫、公源义、义德成、天福长、德合成、永兴和、万丰恒。坟庄村 1 家：忠惠堂。半壁店 2 家：永顺号、通和号。王家庄 1 家：晟成油房。小白岱 1 家：四善堂。鸽子园 1 家：义盛局。

涿州 3 家：城内 2 家；西疃村 1 家，北吉利。深州城 1 家：长顺号。

○七○　张百琼建陀罗尼幢

大金奉先县上乐里人也，姓张讳百琼，奉为亡父特建陀罗尼石幢一坐。□□□□□行之源□者诸功之本，平乐善性□□□□所作而□□父□恤□孤贫□，敬亲无差。□祖□□□□□娶杨氏，所生一男名孝纯，次娶叶氏，生

152

一女，□郎妇。□□祖父讳孝纯，娶马氏，次娶董氏，生一女，孙郎妇；大男均，次男珂，娶孙氏，生男百琼，娶焦氏，生二男一女：大男玠，娶王氏，次男喜，娶邢氏，女□郎妇，孙女一人福梅。

大金泰和八年三月十三日　张百琼建

碑刻说明

金刻。在北尚乐观音堂遗址，拓片一纸，高 56 厘米，通宽 93 厘米，《陀罗尼经》为梵文，记为正书。

碑文考释

文载："大金奉先县上乐里人也，姓张讳百琼，奉为亡父特建陀罗尼石幢一坐。"知今尚乐，金代写作"上乐"，即今北尚乐。张百琼为当年上乐村人，是今北尚乐张氏祖先，说明张姓自金代就生活在北乐尚。

据幢文，张百琼曾祖娶杨氏，生张百琼祖父张孝纯，张孝纯娶马氏、董氏，生张均、张珂。张珂为百琼父，娶孙氏，生张百琼。张百琼娶焦氏，生张玠、张喜。

张孝纯次室"董氏，生一女，孙郎妇"。孙郎，应为南白岱人。南白岱孙姓为孙膑后裔，自唐代居南白岱。

张百琼妻焦氏，亦为南白岱人，南白岱焦氏为原住民，至少从唐代就在南白岱居住，石经山崖壁摩崖题记上有"焦玄岩"的名字："开元廿一年十月日，焦玄岩、向惠琛、王愁，礼拜佛。"

张百琼子张喜娶邢氏，邢姓居前石门，为大石窝镇世家巨族，累代读书为宦。由此幢可知，邢姓居此乡不晚于金。

○七一　龙王庙重修碑记

掌房山教福建惠城董琚撰

分房山教东鲁博平邓恭篆额

生员张□□书丹

房山邑西村有上乐，上乐村西有古龙王庙，其庙宇绘像，基址由来有之。经久月岁，剥于风雨。新于前，敬于后。傍道险欹，时阴雨水，冲毁地基，将渐伤其栋宇，神不妥其位，岂春祈秋报之长计乎？时有乡耆李公讳锐，乃会乡人而告曰：予欲移其地基而新其庙宇，因叹前人之用心，而惜今日之渐弛。凡事必集而后成，财必蓄而后充。各出己利以资之，其事可就。佥曰：同义，公为首而乡人次之。先于三年季春月逐修葺之，增广其地基，扳朽易新，秩□□□。且壁毁者从而筑，石剥者从而甃，丹青漫漶者从而加鲜，财不□□，力不劳民，皆捐己赀以佣工也。上栋下宇，焕然鲜明。□□四□，□□形□，事就乃立石于今年春□□之时，欲传之不朽，以□□□向善者劝，此公等之本意也。工既告讫，志贞纪颠末。予□□曰：事有当为者，有不当为者。不当为而为则费财而取讥，当为不为则吝啬而无义。《语》曰：君子喻于义，小人喻于利。公等既喻其义所当为乎。我国家奄有九有，肇称□□其庙，无地而不有龙，无龙而不沛。《易》曰：见龙在田。《礼》曰：龙凤龟□，变化不测。兴云致雨，腾水渊而雨天下。□□□□□□□□□□□哉。子曰：吾不与祭，如不祭□尔。

大明嘉靖七年岁次戊子五月九日

李锐□□

碑刻说明

明刻。在北尚乐龙王庙。拓片高 97 厘米，宽 76 厘米。

碑文考释

碑文记载，北尚乐村西路边，有古龙王庙一座，内绘龙王像，年代已久，风雨侵袭，地基遭雨水冲毁，殿宇岌岌可危。本村李锐争得乡邻同意，把龙王庙择地重建，李锐独自捐资备料佣工，不劳民力。嘉靖三年（1524）春兴工，不久告竣。

○七二　杨资贵墓碑

故父资贵杨公、故母香魂李氏墓志

长男杨琛，妻李氏，孙男山寿，孙女秀英

次男杨琳，妻贾氏，孙男□□

孝女大姐适张敬祖妻

孝女二姐适刘得义妻

男外生宗提□□

大元延祐五年二月廿五日

立石人杨琛、杨琳

碑刻说明

元刻。在北尚乐杨氏家族墓地。拓片高84厘米，宽53厘米。

碑文考释

此碑为北尚乐杨氏最早之墓碑。北尚乐杨氏为大石窝世家，金大定由涿州敬天坊迁居北尚乐。始祖为杨温矫，金左散骑常侍。杨资贵为杨温矫六世孙，长子杨琛、次子杨琳，是为七代；杨琛子杨山寿，杨琳子杨□□，是为八代。

大清道光十六年（1836）二月《杨成乙墓碑》碑阴："远祖温矫公，住大兴府良乡县颜村，官左散骑常侍。生子名兴裕，隐而不仕，移居涿郡之敬天坊。兴裕公生子名寿，金大定时官进义校尉，暮年乐山水之胜，徙居房山之阳上乐里，遂占籍焉，择茔于上乐之南。至大元大德年间，寿公之四代孙资贵等建碑于墓，以传奕世。"

杨琳妻贾氏，应出自北白岱贾氏一族。北白岱，元代为抱玉里，贾氏家族为元代抱玉里显族，始祖是金朝御医，二世贾景山，金进士，伏冀县丞。贾景山子贾德全于金末迁居抱玉里，其子从容城刘因学，归乡办文靖书院。按年代推算，杨琳之妻贾氏，应为贾德全之孙女。

155

○七三　元故杨生墓表

从仕郎保定路容城县尹兼管本县诸军奥鲁劝农事房山贾彝述

奉训大夫辽阳等处行中书少左右司都事王惟麟书

房山抱玉处士贾诚篆额

人为善而获福，固理之常然，或偏全不同，则造物有莫能测者。君子自修尽其在己，顾不当以是为勤怠也。余乡上乐里杨生，笃志道术而得年弗永，亦可悲哉。生讳弘善，字士元，幼资聪悟，读书雅异童列，稍长树立，克承基绪。推其学，则辑睦族属，抚御家众，接乡邻，待朋友，内外靡失其欢心。孔子所谓是亦为政者，生盖近之。不幸于至正七年二月初五日一疾不起，春秋才四十有一，识者素期其远大，而闻之莫不痛惜焉。祖考讳资胤，妣庞氏。父讳礼，字子和，性行宽厚乐□，亲疏无间，言尤敬儒士，先三年卒，享年六十有七。母李氏，男女二人，女适耆儒翟汉卿之孙克恭。男则生也，初娶李氏，继娶独树里张氏，故宣授提举文卿之孙女也。男三人，女二人。生昔问学于余，始闻其亡，欲与诸公吊以诗文而未暇，比乡父老焦瑀因王君信甫至容城，请叙生之行实，令其孤振刻石于墓隧。义不可辞，为述其梗概如此，庶使为善者观之。虽福或偏，而尤当致力于分内，以听天道于冥冥。况积累诚深，则又将终全其庆于自然矣，可不勉哉？

时大元至正九年岁次己丑戊辰清明前二日

男杨振立石

诸色府提领杨择刊

碑刻说明

元刻。在北尚乐村南。

碑文考释

碑文记载：杨弘善，字士元，生于元成宗大德八年（1306），家居上乐里即今北尚乐，笃志道术，初娶李氏，继娶独树里张氏（提举张文卿之孙女）。于至正七年（1347）二月初五日病逝，春秋四十有一。其祖父杨资胤。父杨礼，字子和，生于元世祖至元十四年（1277），顺帝至正四年（1344）去世，年六十七岁。

杨弘善去世后，焦瑀由王信甫引荐，到容城县贾彝任所，请求撰写碑文，弘善子杨振刻石立碑。

考杨弘善祖父杨资胤，与杨资贵同排"资"字，当与杨资贵为兄弟，亦为杨温矫六世孙。杨弘善父杨礼，与杨资贵子杨琛、杨琳为叔伯兄弟，同为七世孙。杨弘善与杨琛子杨山寿、杨琳子杨□□为堂兄弟，同为八世孙。杨弘善子杨振为九世孙。

撰文者贾彝，抱玉里（今北白岱）贾壤之子，至顺元年（1333）三月，赐同进士出身。贾壤创办文靖书院，为元代三大书院之一。篆额者贾诚，为贾壤之孙，贾彝之侄。抱玉里，在上乐里之西五华里。

○七四　杨成己墓碑

大清道光十六年二月廿三日
皇清例赠承德郎杨氏显考成己府君、妣郭氏安人之墓
男廷梁、廷楷立

碑刻说明

清刻。在北尚乐杨氏家族墓地。拓片通高 172 厘米，宽 67 厘米。碑额正书"庚山甲向"。

碑文考释

杨成己，为清中晚期北尚氏杨氏传人。所题立碑者杨廷梁，为其长子，国学生，早卒，有一子杨启元；杨廷楷，为杨成己三子。二子名杨廷椹，过继杨成己堂弟杨成玺。故立碑者无其名。

又实立碑者为杨廷楷、杨启元。按古时伦理规矩，杨廷梁虽然已逝，杨启元代父立碑，故题父名。

杨成己死后，清廷例赠承德郎。承德郎，文散官名，正六品概授承德郎。其子杨廷楷为清道光壬午科，即道光二年（1822）武举，兵部差官，官秩当在正六品，故杨成己例赠承德郎。

杨成己，字敬修，杨乾之子。北尚乐杨氏"成"字辈尚有杨成本、杨成德、杨成重、杨成花、杨成富、杨成立等。"起"字辈有：杨起顺、杨起昇。

清嘉庆九年（1804）四月《重修金粟山禅房寺碑记》："会首杨乾同长男杨成己监督"，"房山县儒学生员杨成本书丹，杨成德碑额篆额"，"杨起顺施钱贰拾千文……杨起昇施钱拾贰千文"，"杨成花施施钱贰千文"。

碑阴

本邑增广生许凤池撰并书

尝闻源远者流长，水源可溯；根深者叶茂，木本堪寻。瓜瓞既绵，则报本之情宜笃。孝思罔匮，则追远之意宜殷。今之建茔于斯也，岂可苟焉而已哉！于是探本寻源，敬志所考。远祖温矫公，住大兴府良乡县颜村，官左散骑常侍。生子名兴裕，隐而不仕，移居涿郡之敬天坊。兴裕公生子名寿，金大定时官进义校尉，暮年乐山水之胜，徙居房山之阳上乐里，遂占籍焉，择茔于上乐之南。至大元大德年间，寿公之四代孙资贵等建碑于墓，以传奕世。厥后，家谱失传，历年久而参考无因。至大清乾隆年间，宗祖公生二子，长之杰，次之英。之杰公因旧茔屡被水患，遂于金粟山前另择一地，将宗祖公改葬。其间历三世，廷楷因山穴陋隘，又于祖茔之前数武而建一新茔，为敬修公之佳城，以葬以祭。公官居赍奏，娶郭公女，生三子，长廷梁，国学生，早逝，留一子启元；次廷梿，武庠生，出嗣堂叔成玺；三廷楷，举武孝廉，同侄启元以承祭祀。本本源源，昭兹来许。绵绵翼翼，于万斯年。

碑文考释

此为《杨成己墓碑》碑阴记。拓片通高 175 厘米，宽 68 厘米。碑额正书"承先启后"。

此记记载了北尚乐杨氏家谱及三立族茔之事：北尚乐杨氏，始祖杨温矫，住大兴府良乡县颜村（今属房山区闫村镇闫村），官左散骑常侍。杨温矫之子杨兴裕，隐而不仕，移居涿州敬天坊。杨兴裕之子杨寿，金大定时官进义校尉，晚年乐山水之胜，徙居房山之阳的上乐里，即今大石窝镇北尚乐。杨寿之子与孙、曾孙失考，杨寿玄孙杨资贵。

杨氏族茔，初创于北尚乐村南，元成宗大德年间（1297—1307）杨资贵首次在族茔立碑，记载杨氏族源，及里居变迁。后来家谱失传，杨氏自杨资贵以后历明至清康雍年间无考。后续家谱自清乾隆年间，有杨宗祖，杨宗祖长子杨之杰、次子杨之英。杨之杰因旧茔屡遭水患，另择金粟山前葬杨宗祖。

其间历三世，杨成己之子杨廷楷因金粟山前山穴陋隘，在北尚乐南祖茔之前不远处建茔，以葬杨成己。

○七五　杨廷楰及妻刘氏诰封碑

奉天承运，皇帝制曰：任使需才称职，志在官之美；驰驱奏效报功，膺锡类之仁。尔杨廷楰乃分缺简选用训导杨葆元之父，雅尚素风，长迎善气。弓冶克勤于庭训，箕裘丕裕夫家声。兹以覃恩，貤赠尔为修职佐郎，锡之敕命。於戏！肇显扬之盛事，国家非私。酬燕翼之深情，臣心弥励。

制曰：奉职无愆，懋著勤劳之绩；致身有自，宜酬鞠育之恩。尔刘氏、刘氏，乃分缺简选用训导杨葆元之母，淑范宜家，令仪昌后。早相夫，晚教子，俾移孝以作忠，兹以覃恩，貤赠尔为八品宜人。於戏！贲象服之端严，诞膺钜典。锡龙章之涣汗，允播徽音。

同治元年四月十四日　　　男葆元□□

碑刻说明

清刻。在北尚乐村南。拓片高143厘米，宽73厘米。

碑文考释

此为杨廷楑及夫人刘氏诰封碑。杨廷楑，杨成己第二子，过继杨成玺，子杨葆元，训导。按照清代成例，母父诰封同品，杨廷楑貤赠修职佐郎，刘氏貤赠八品宜人。

○七六　杨锡恩墓碑

中华民国四年十二月

清授奉政大夫杨公讳锡恩号仁波偕配张宜人之墓

男裕、荣奉祀

碑刻说明

民国刻。在北尚乐村东。拓片高 143 厘米，宽 73 厘米。碑额正书"酉山卯向兼辛乙三分"。

碑文考释

杨锡恩，号仁波，杨启元子，清奉政大夫钦加五品衔候选训导。夫人张氏，子杨裕、杨荣。

奉政大夫，文散官，正五品概授奉政大夫。

碑阴

盖承前启后，古帝隆缵绪之麻。追远慎终，前贤笃孝思之则。迄今于建碑先君之墓，非敢与圣贤相媲美，亦只为奕世作信征。乃考诸金粟山前本生高祖之墓碑，而知其梗概焉然。远祖已勒于碑，无庸赘，谨继高祖而志之。

高祖讳成己，号敬修，官赍奏。生三子，长讳廷梁，号友臣，太学生，即先曾祖也。次讳廷楑，号殿楹，武庠生守御所千总，出嗣堂高叔祖，讳成玺。三讳廷楷，号式斋，清道光壬午科武举，兵部差官。

曾祖生一子，讳启元，号子新，九品职衔。曾祖青年逝世，即葬于金粟山前之老茔。后以老茔穴窄，叔曾祖式斋公与先祖于旧茔前越数武选择一地为高祖佳城，曾祖因葬老茔已久，不便迁入新茔，先祖遗言不忍远离曾祖，及祖殁，遂迁就而葬其次焉。

祖生二子，长讳锡爵，号秩五，附贡生。次先君讳锡恩，号仁波，增贡生，钦加五品衔候选训导。先伯殁后，因先茔难以再葬，去祖茔东南隅数十步，择地葬之。先君遂于北尚乐村东数里许地名鸽子园，复择斯土为本门新茔。今先君殁，安厝是茔，遂建碑于墓，以备后嗣征之云尔。

清岁贡生候选训导邢福保代撰

清增生鸿庐寺序邢福龄书丹

碑刻说明

阴拓高 143 厘米，宽 73 厘米。碑额正书"垂裕后昆"。

碑文考释

碑阴以杨成己为高祖，记述杨成己长子杨廷梁一支：

杨成己，号敬修，任赍奏官。生三子，长子杨廷梁，号友臣，太学生。次子杨廷楗，号殿楹，武庠生守御所千总。三子杨廷楷，号式斋，清道光二年（1822）壬午恩科武举，兵部差官。

杨廷梁生一子杨启元，号子新，九品职衔。杨廷梁英年早逝，葬于金粟山前之旧茔。后来，以老茔穴窄，杨廷楷与侄杨启元，在旧茔前不远处葬杨成己，彼时杨廷梁下葬已久，不便迁入新茔。杨启元生前曾说，死后下葬，不舍父亲杨廷梁太远。去世之后，便没有葬在祖父杨成己的新址，而是葬在旧茔杨廷梁的旁边。

杨启元长子杨锡爵，号秩五，附贡生。次子杨锡恩，号仁波，增贡生，清奉政大夫钦加五品衔候选训导。

杨锡爵去世，因先茔难以再葬，去祖茔东南数十步，择地葬之。杨锡恩生前，选卜北尚乐村东数里叫鸽子园的地方，为本门新茔，去世后便安葬在此地。

从杨氏的墓碑可知，自清中期到晚期，北尚乐杨氏累世功名，代无白身：考光绪五年（1879）十月《重修禅房寺碑》，杨廷楷之子杨赞元，官太常寺司乐。侄杨海峰，贡生光禄寺署正保举行走。

杨启元，号子新，国子监典籍，九品职衔。

杨启元长子杨锡爵，贡生候选儒学训导。

同为"元"字辈的杨建元，为清进士；杨肇元，武庠生。

○七七　高骧云墓碑

大清咸丰十一年八月穀旦
钦用知□前署房山县浙东山阴高公骧云寄圹
涿下廪贡生杨葆元拜题

碑刻说明
清刻。在北尚乐。拓片通高166厘米，宽67厘米。碑额正书"癸山丁向"。

碑文考释
高骧云，清咸丰六年（1856）任房山知县。民国十七年（1928）《房山县志》卷四"职官"：

　　高骧云，字逸骧，浙江山阴县人。由举人大挑一等，署房山县知县，重士爱民化道备至。邑西北多山民，僻居简陋，不知读书，长官皆视为缓图，未遑及也。公下车即访知其详，恒单骑驰往，召集父老，从容宣谕之，人亦乐其教而不忍干。咸丰七年蝗为灾，公日夜督捕，露宿风餐，忧形于色，出千金为费，数年之宦囊尽不惜也。或言蝗灾神实为之，捕之当愈甚，不如祷于神之为得也。公曰："蝗，动物耳，其来也如洪水如猛兽，如反叛之扰村间，安有不御之、捕之，而坐听于冥冥之神乎？"捕益力，而蝗灾遂除。及去，邑人思之不置。后赋闲居邑中，以疾卒，贫至不能葬，赖邑人及亲故资助之，始克成丧，葬于邑之北上洛村。公先为大城令，有善政，尤性耽书史，尝著《说性考礼》、《仰正篇》、《养恬斋笔记》行世，《房山志料》即其选也。

墓碑落款："廪贡生杨葆元拜题。"高骧云所著《房山志料》曾提到杨葆元，杨葆元为廪贡生，按照清代官场规矩，高骧云去职后，赋闲居邑中，或许得到杨葆元接济，他死后葬于杨葆元世居地北尚乐，作为高骧云门生杨葆元亲为书碑立碑，应该是杨葆元一手承办其葬事。

杨葆元，由廪贡生授训导，官居八品，为大石窝镇世家北尚乐杨氏之裔。曾祖杨乾，祖父杨成己，号敬修。父杨廷椎，号殿楹，武庠生守御所千总。

○七八　清封孺人杨母刘太孺人墓碑

清授中宪大夫赐同进士出身吏部主事加五级涞水赵曾樯撰文

清授通议大夫赐进士出身翰林院编修弼德院参议加五级易水陈云诰书丹并篆额

己未仲春，余往会节母刘孺人之丧，其乡人啧啧称节母之贤。越四年，节母之孙名恩霖者以状告余曰：自吾祖妣来吾家，勤勤积累，始有今日。恐岁月悠乎，久渐少湮晦，请余为文揭诸墓，庶几兴敕子孙，世世托以不朽。余辞弗获，因谨次其事迹颠委。节母刘氏，涿郡庠生讳景泰公之第三女，房邑杨公燮元之配。年十五室于杨氏，咸丰九年翁、夫相继逝世，节母时年十八，未有子息，以夫兄之子笏峰为嗣，由是壹志守节，奉嫜姑亹亹无间，抚群从子女一如己出。光绪二年，伯又弃世，节母佐诸姒检校家政，事无剧易必躬必亲。时家中食指日增，岁又屡欠，门户支拄倍难，曩昔节母一身任之，诸侄长始析屋。光绪丁酉，子妇殁，遗子女五人，节母调护教养，劬劳甚，又亟为子续室。庚子，义和团起，蔓延乡邑，拳匪洋兵先后入宅，村人争逃辟，节母固守，门闾得无恙。嗣子因受惊而殒，节母大戚，然犹振厉精神，课孙耕读不辍。嫁孙女，娶孙妇。节母暮年，家道寝寝大昌，抱曾孙焉。节母卒于民国六年十月十六日，寿七十有七。前于光绪二十九年旌表节孝如例。呜呼！世衰俗敝，举世皆以激烈矫厉为难，观节母之行无绝殊者。然自十余龄，矢志茹苦，而事之繁赜，境之艰危，敕始愍终，操家历六十年之久，天下之至难孰逾于此？节母之不朽宜也。顾先人有令德而子孙弗知，或知而不能述者多矣，今伊孙怆然追念王姒缔造之艰，而思有以传于后，其用心之仁孝，尤不可及。而节母之型于家，而式于乡者，益自此不朽云。

民国十一年岁次壬戌秋九日榖旦

刘忠谨镌

碑刻说明

民国刻。在北尚乐。拓片高 153 厘米，宽 73 厘米。光绪丁酉，即光绪二十三年（1897）。

碑文考释

此为杨燮元之元配刘氏墓碑。刘氏为涿州庠生刘景泰之女，十五岁嫁杨燮元，咸丰九年（1859）刘氏年仅十八，公公、丈夫相继逝世，未有子息，以夫兄之子杨笏峰为嗣。光绪二十三年（1897），杨笏峰之妻又殁，遗子女五人，由刘氏一身调护教养。光绪二十六年（1900）庚子事变，义和团蔓延乡邑，义和团、外国军队先后过村，村里人争相逃避，唯独刘氏在家固守，门闾得安。杨笏峰惊吓而死，刘氏忍失子之痛，振厉精神，教孙杨恩霖耕读不辍，光绪二十九年（1903）圣旨旌表节孝。刘氏操家历六十年之久，民国六年（1917）十月十六日辞世，寿七十有七。翌年，孙杨恩霖为之立碑于墓前。

此碑通过刘氏及杨氏一门经历，真实反映了清末动荡年代大石窝镇普通人的生活。

南尚乐

南尚乐在北尚乐西南，原是北尚乐的一个自然村，原名"上洛村"，自金代始称"上乐"，其历史与北尚乐相当。历五代、金、元，至明中期，弘治十六年（1503）前独立成村，名南上乐，清嘉庆九年（1804）出现"南尚乐"之称，此后这种写法成主流，间或写成"南上乐""南上洛"，到民国时期，"南尚乐"的写法固定下来，直到现在。

历史上，康姓为南尚乐世家。始祖康委金末曾任招讨判官，为涞水县赤土里（今涞水县大赤土村）巨族，康委娶上乐（今北尚乐）张氏为妻，北流拒马河，迁居上乐（今南尚乐），成为南尚乐世家。其子康仲全为千人长，值蒙古军进攻中都（今北京），英勇抗击，保护乡土。曾孙康惠琮，元代将仕佐郎金玉府石局大使，曾参与元大都营建，于大石窝开采汉白玉。

田姓为村中大姓，族人自清中期到清末，历代为官。

村中刘姓，原籍涞水县板城村，为当地望族。族源可追溯到金代，刘士光于嘉庆初迁居南尚乐，进县学就读，成为邑庠生，为南尚乐刘氏始祖。

村中原有兴禅寺，建于唐高宗咸亨五年（674）。除兴禅寺，村中尚有虫王庙，道光二十八年（1848）重修，改名美报祠。

本卷收录南尚乐碑刻 10 件，其中元 2 件、明 1 件、清 5 件、民国 2 件。

○七九　重修兴禅寺碑记

敕赐智化禅寺兼僧录司右觉义沙门然胜撰文

敕赐正法禅寺知藏沙门定成书丹额

盖闻佛祖教法传播震旦，广被多闻。自从白马西来，赤乌僧至，遂使王臣宰辅士庶黎民无不兴崇供养，梵刹精兰，随处建之。今涿州房山县张坊里南上乐村中有古刹，名曰兴禅寺，现有石佛座下明文乃是大唐咸亨五年，置立之始至今，年历绵远，兴废多年，莫知几何。方今正统十二年间，有一僧道庆，道源京下前往保定府办事，经过于此，见得古迹石佛殿，无僧看守香火，由是心存不舍，于是乡耆恪请延留而住。虽以勤心数载，力鲜难为乎，重修药师殿一座，于内塑十大菩萨，日后年迈，以疾辞世。次后又僧讳本喜福刚，乃本村自幼出家，投礼广教寺首座明顺为师，侍立久矣，后□本□□□修葺数载有余。是师天性聪利，知见高明，四方欣闻，随喜乐助，□赀□□□兴工盖造，依前鼎远新，建立大殿三间，整理周围墙垣，西向开造山门，造盖房丈三间。才方行值远开，不期□□□无常之至。复后三番主持，亦本村宋氏茂族，年龄□交十二，父母舍送于本方禅房寺长老定宗为师，久笃师润，学识过人，犹能□□□□□音。及至年长，幸遇□宝亦随刚师，请给于职□座下，讳福通，道号大橼。于后复便往来，三番整理，先于殿内妆塑圣像、壁画高造，重修伽蓝、祖师殿，砌建其周围僧房，廊庑厨库、山门，一寺收图，结乎无不完美。若非立石贻右，只恐磨灭□□努力□□□□用□费□□劳无□□客得涞阳龙泉杜金山林下谒予成文。予曰：□□人道尚□□□□自杂染□□□□□□□者，□其重请亦见恐为焚修事□，祝延皇图永巩，佛日增辉。□□□□□□□□□□□□□□□□□高明圣智，略为结纪寺之本末，以为铭耳。

大明弘治十六年岁次癸亥孟冬十月毂旦

兴禅寺住持沙门福通立

碑刻说明

明刻。在南尚乐。拓片高 188 厘米，宽 87 厘米。碑额正书"重修兴禅寺记"。

碑文考释

"今涿州房山县张坊里南上乐村中有古刹，名曰兴禅寺。"今南尚乐，至少在明中期便属张坊里，至明末天启年间，仍属张坊里。

此碑记载：南尚乐有兴禅寺一座，明初尚存石佛殿一座，殿内石佛有"大唐咸亨五年"的铭文，说明此寺是一座唐代古刹，其创建时间，不晚于唐高咸亨五年（674）。明正统十二年（1447），僧人道庆，从北京城内前往保定府办事，经过此地，见石佛殿无僧看守香火，心存不舍。于是村中耆老请他留在寺内，道庆重修药师殿一座，内塑十大菩萨。道庆圆寂，本喜住寺。本喜，南尚乐本村人，自幼出家，投礼广教寺首座明顺为师，修葺数载，建大殿三间、方丈三间，修缮周围墙垣，西向开造山门，兴禅寺规模重整。

此后住持福通，本村宋氏茂族，十二岁出家，投禅房寺长老定宗为师，后归本寺，福通先于殿内妆塑圣像、壁画，又动工重修伽蓝殿、祖师殿、周围僧房、廊庑厨库、山门。到明中期的弘治年间，兴禅寺规模严整，为房山西南著名寺院。

〇八〇　重修兴禅寺碑

文林郎知房山县事六合袁绽度昭甫撰文

邑庠廪膳生员崔际平书丹

今上御极之四十七年，余膺圣天子简命，来任房邑，甫下车即询诸父十一里之利弊，何者兴，何者草，及毕奠谒先师庙、隍神祠、社稷坛，埤栋

167

析者有之，榱崩者有之，垣颓屋败者有之。因还，息以兴曰：斯余之责也夫，其余之责也夫！夫国家立官分牧，非仅薄书优职也。惟百行有源，则明伦必由于学。惟四民有望，则饬士必由于学。因与邑之绅士议设义学，以培士气，期数年教养，上以式符皇上文治之隆，虽不能仿效前贤一段，矢公矢慎之怀，无辱简命。越己丑暮春，邑西南乡南上乐村父老二三人诣余跪而请曰：介村之中有兴禅寺，创于唐代，已历千三百载，其重新不知凡几。至今上御极之四十四年，其殿宇老于春秋，不无雀角鼠牙之患，住持僧人来成谋于乡众，引善捐资，山门、大殿、垣墙及药师佛殿一重新之。今功告竣，咸欲立石以记其事，因乞言焉。余谕诸父老曰：旌奖节孝，告之有司可；章表先贤，告之有司可；兴义学、修桥梁，告之有司亦无不可。况而建寺庙，劳众伤财？例有某先儒有云：佛者西域之一法耳，即古帝王事之愈谨，年祚愈促，佛亦何关于政教风化哉？虽然，更新不同创始，又恐拂乡人为善之心。因去岁余以公事一止其地，车马轮蹄，日久于门，清磬名香，唤醒觉路，似烦恼场中现一清净道场，余一过之，便觉心凉。今住持募众重新，慎厥职也。乡众捐资经营助力，善行众也。征文勒石，劝后贤也。余序其事，旌善人也。如昌黎所云：人其人，火其书，庐其居，以先王之道而道之，真吾儒之斗山哉！诸父老能充修寺之心，教孝教弟，和睦乡邻，务志道德以一其趋，务则古昔以端其轨，务严风尚以却其习，如事佛佞佛不惜金钱，斋僧饭僧煽惑愚人，妄言求福，是重余有司羞也！诣父老其慎旃哉。爰为文而登之石。

时康熙四十八年岁次己丑四月之吉旦

碑刻说明

清刻。在南尚乐。

碑文考释

碑载：南尚乐兴禅寺，创于唐代，历一千三百载，重新不知凡几，历年久远，殿宇衰败，清康熙四十四年（1705），住持僧来成谋于乡众，募资重修山门、大殿、垣墙及药师佛殿，康熙四十八年（1709）三月告竣，房山知县袁绖度为之撰写碑文记事。

碑中云:"余膺圣天子简命,来任房邑,甫下车即询诸父十一里之利弊。"房山县元代为四乡十六里,自明中期合并甘池、芦村、王佐、乐平、大安山五里,仅设十一里,清代因之。民国十七年(1928)《房山县志》卷二"乡村":"元制邑领乡,乡领里,里领村。房山原有四乡十六里。明中季,归并甘池、芦村、王佐、乐平、大安山五里,惟存十一里。"

撰文者为房山知县袁绖度,字昭甫,六合(今南京市六合县)人。"今上御极之四十七年,余膺圣天子简命,来任房邑。"此人自康熙四十七年(1708)任房山知县,任职一年后,为禅房寺撰写碑文,按照清代三年一任的定制,此人任期到康熙四十九年(1710)。

民国十七年《房山县志》卷四"职官·清代县尹表",康熙四十三年(1704)房山知县为包咸,江南吴县(今江苏省苏州市吴中区与相城区)人。雍正二年(1724)房山知县为尹元贡,其间20年,知县缺载。康熙四十八年(1709)四月《重修兴禅寺碑》,补县志之缺。

○八一　重修兴禅寺碑记

古涿郡房山县之西南乡南上乐村有寺昌然,名兴禅。其规模宏敞,形势□□庙宇□大,旧迹依然,盖山区之一大观也。□□佛之世来始于□□□其于□□□历代其□□□□□□□□□永平八年,闻西域有神,其名曰佛,因遣使之天竺求其道,得其书。大抵以虚无为宗,贵慈悲不杀。以为人死,精神不灭,随复受形。生时所行善恶,皆有报应,故所贵修炼精神,以至为佛,善为宏阔胜大之言以劝诱愚俗。精于其道者,号曰沙门。于是中国始传其术,图其形像,而其教始昌。□□梁武帝幸同泰寺,大设□□释御服,持法衣□□□□□□□□讲《涅槃经》,此缁流之所由昉也。以故,人心竞慕,浩焉厥功,为之□□开林□□□之□□□□□□□□□□□之□□□□□躇事增华,上自都邑,下达里党乡曲之间,各有建树,此梁而陈,西兰以起于□僧□□□□□□□□□□□□□□□□不可胜纪,爰有沙汰之命。呜呼,禅教之□于唐为烈矣。兹寺原创建于大唐咸亨五年,历千□□□□□风雨而

169

□阴阳摧折，因而经营补葺以著盛迹，□有不一，明世宏治十六年，皇朝康熙四十八年，□为重修□□□□□□□□□□□□□□□□□□□□□后殿□满目丛榛，虽有基址，堑而□□者□。其乡中有田□□、□□、田□□□□德□□成□□□□□□□□仁□□久之，动慕古之幽情，勤乐施之善众，于是合乡人，给资财□□□□□□□□以□□□□□□□□□势□□饬□功，于是始所有正殿四层，配殿两庑，金□□相□□□□□山门修□一切□□□□□□□□□□□□□出□□飞阁逶迤，下临无地，□露□蛛，□□□为丹腾□□□□□□□□□□□□□□□□□西，自癸酉以及乙亥通年□间，舍旧图新，焕然为之改观也。乃□□□□□□□□□□□□□□□□□□□□□大开□□□目罗绮，玉山高耸，恰迎朝旭，光乃大乘，□□低垂，聊□夕阳□□□□□□□□□□□□□□□□□□秋去本不然，今则无灭。惟此名区，禅慧爱洁。幽幽林景，□□□□。□□□□，□□□□。□□□□，□□□□。□□□□，松陈晴晖。神境伊通，闾里光昌。春祈秋报，惠而弥康。吹幽饮蜡，乐且□□。功□□□，□□□□。□□刊石，永发其祥。

吏部□□□□癸酉科举人张允修撰文

吏部候选□□□通判癸酉科巡拔徐开第书丹

乾隆二十三年岁次戊寅□月中旬

碑刻说明

清刻。碑额篆书"重修兴禅寺记"。

碑文考释

癸酉，乾隆十八年（1753）。乙亥，乾隆二十年（1755）。"古涿郡房山县之西南乡南上乐村有寺昌然，名兴禅。"可见，清代南尚乐村属房山西南乡。此碑缺字甚多，可喜关键文字清晰可见，故不妨碍记录事件，因此弥足庆幸。

碑载：乾隆十八年（1753），田姓村民等捐资重修兴禅寺，历时三年，乾隆二十年（1755）竣工。前后四层大殿、配殿两庑、山门等一应重建。这是兴禅寺有记载的第三次大规模重修，兴禅寺由当初的一座石佛殿，到乾隆二十年（1755）四重正殿、两侧配殿、虎殿、山门俱全。

○八二　重修虫王庙增财神龙王像设因改祠名曰美报祠碑序

财之神曷昉乎。《祭法》曰：黄帝正名百物，以明民共财。又曰：山川谷林邱陵，民所取财用者也，咸在祀典。其斯为财神之大宗欤。又如雩宗祭水旱，又如命有司为民祈祀山川百源，皆祈雨也。至如八蜡之祭，自先啬以及水，庸巨细毕举。报本反始，仁至义尽。故其祝辞曰：土安其宅，水归其壑，昆虫毋作，草木归其泽。先王之教民美报致力于神者，明备如此！然则，当其时未尝有称为财神、为龙王、为虫王之徽号也。顾是说也，议礼家能识之，民则何知？苟为民所得祭，虽秩祀无文，亦惟修其教不易其俗而已矣。夫财，民之所同利也，而雨与虫粒食之所关也。民莫重于利用，厚生不能司其机，不得不奉其权，于神明听命焉，祈报焉，犹是仁至义尽之遗意云尔。

隶房邑西南乡南尚乐村，旧有虫王庙一楹，建置年月无考，岁二月为赛神，常期左近十余村牲醴交荐，罔或不虔。道光戊申里人隗君连第、刘君达、石君进德偕众首事人瞻礼祠下，见其湫隘，谋更爽垲，倡举募修。首得田君堃、增各捐钱叁百余缗，殿卿捐钱叁百缗，旁村翕应，鸠工庀材，集成厥事。恢拓旧基，作大殿三间，斋堂四间，神门一座，周以缭垣，庙庭殖殖，倍从旧观。祠之旁边有龙王庙，陋且将圮，因移神像于是殿，又增财神像设，与虫王并列为三，因改其题额曰美报祠，村人司锁钥启闭焉。经始于是年仲春，落成于仲秋。工竣将树丽牲之碑以记其事，而索文于予。予谓：神灵者聪明正直而壹者也，诸君能不私其财，鼎新祠宇，更能知神之正大，不以私□□祷，与众村人同心和义，报顺成以精禋，公乐利于乡党，此心可格神明矣。是岁也，雨旸时若，飞蝗过境不为灾，其神灵之妥于是欤。异时或不幸而遇水旱，螽蝝间作，惟神照临，有不普祐一方大为之庇护者哉？抑又思之，兹役告成，施者固善矣。司事者劳其身而不染其指，庶几仰不愧，俯不怍，克全公义。是足记也。

首事人：

田增施钱叁百廿陆千，田堃施钱叁百廿陆千，隗连第施钱贰拾千，刘达施钱贰拾千，石进德施钱叁拾千文。

姚永亮施钱贰拾千，田殿卿施钱叁百千，李珠施钱贰拾千，任和施钱叁拾千，李□施钱贰拾千，田桂芳施钱拾肆千，田景和施钱拾陆千，隗经施钱拾七千，隗仲施钱拾叁千，高熙宗施钱拾叁千，刘明施钱叁千，赵明枝施钱拾叁千，王兴施钱拾叁千，张良宝施钱柒千，隗建利施钱伍千，李仕魁、史桂如、王成本、李玉、刘富施钱各肆千，周国祥施钱叁千，刘祥□施钱拾千。

刻字人杜彬　　　住持道人王心□

钦用知县乙酉拔贡前充正黄旗官学汉教习邢肇需撰文并书

大清道光二十八年岁在著雍涒滩壮月榖旦立

碑刻说明

清刻。在南尚乐。拓片高 119 厘米，宽 75 厘米。碑额双勾题"永垂不朽"。

碑文考释

岁在著雍涒滩，即岁在戊申。清道光二十八年（1848）恰好岁在戊申。著雍：十干中戊的别称。《淮南子·天文训》："午在戊曰著雝。"涒滩：岁阴申的别称。《尔雅·释天》："〔太岁〕在申曰涒滩。"壮月：农历八月。《尔雅·释天》："八月为壮。"

据此碑，南尚乐有虫王庙，始建之年无考，每年二月举办赛神会，用仪仗、箫鼓迎神，集会酬祭，附近十几村交相进献三牲、醴酒，祭祀虫王，极尽虔诚。清道光二十八年（1848），里人隗连第、刘达、石进德偕众首事人，到庙里瞻礼虫王，见此庙低洼狭小，倡议换个高爽之处重建，田堃、田增率先捐资，各捐钱三百余缗，田殿卿捐钱三百缗，相邻村户先后捐资，把地基垫高拓宽，起建大殿三间、斋堂四间、神门一座，周围筑起院墙，院内种上树木。相较旧庙，规模倍之。祠之旁龙王庙，又小又破，快要倒塌了，于是把龙王庙像移到新落成的虫王庙，殿内又增奉财神像，和虫王并列为三，改题庙额为"美报祠"。

碑阴

南尚乐村：三合同贰拾千，□□元壹拾千，长和公染千，□□局陆千，玉合明、玉合荣、兴合号、□□局、□□源以上各伍千，□□□、□□□、□□□以上各肆千，□□山、□□立、丁□□、孙士荣、王□恒以上各叁千，殷□恒贰千伍百，王□□、张□□、□□明、公□号、□□号、刘□□、刘□□、□□、□□□、史林□、孙国良、任□□、□进□、□连□、田□、王□、□建功、□□恒、□文中以上各壹千，赵□、刘得□、刘□□、□□、康顺、孙起祥以上各壹千五百，田永顺壹千四百，耿重叁千，王朋、王珍、王海、王立、王贵、王宏、王景泰、王继业、王秉宽、王永和、隗洺、隗□、隗连芝、隗连□、隗连起，隗连贵、隗连□、田□、田印、田相、田永林、田□□、王树鸿、赵坤、石滨、陈□祥、陈国林、陈仲发、刘□、□□、刘□、□贵、□恒、刘□、刘□□、刘□□、刘□□、刘□□、刘□清、刘□亮、□□□以上各壹千，孙□□、孙士贵、孙□和、朱连和、朱连登、张良功、靳□凤、宋和林、宋如凤、张万顺、尚忠、张瑞、安蓆铺、□□彩、史禹、史□林、苏进祥、冯希泰、韩盛玉、韩成玉、韩旺玉、□□柱、张沛施钱各壹千，耿廷柱、于林和、孟□兴、李文秘、宋□本、薛永贵、□田、□九、史□玉、张自亮、□□□、周□□、□□大、□□□、刘□□、张□□、□□成、□□□、耿□、李相廷、□运、郭□□、□□□。北尚乐村：杨廷楷施钱壹拾千，杨廷桔施钱壹拾千，杨启元施钱壹拾千，杨廷栋、杨启盛、□尚柱、赵义以上各叁千，杨成花、杨成□〔以上各壹千〕。义和庄：赵边成、赵□、张全盛以上各叁千，李俊、赵才、赵连玉、赵福财、赵连奎、赵守志、张永、张全明、冯秉武施钱□□，冯秉宽、王山、冯□、丁成旺、丁□福、杨达以上各壹千。石窝村：恒顺酒店壹拾千，恒顺□店肆千，永安堂、兴隆号、大□局、温兆龄以上各叁千，徐明、温玉衡、李□福、刘有瑞、赵□□、赵□□以上各式千，赵登堂壹千，刘□□壹千，□永□、□□□捌千。辛庄村：戴凌云伍千，苏□一伍千，崔亮叁千，□□□叁千，戴明□、崔文宗、李万□、□尚顺、崔□、崔廷禄、崔大寿以上各式千，崔文衡壹千五百、崔明太壹千伍百，崔文炳、崔福太、崔德太、崔清太、崔乐太、□明、高自福、陈见功、胡进福、□□增、陈□□、□安以上各一千。惠南庄：□明伍千，周克□伍千，莫□□叁千，侯□荣叁千，周亭珍、桂成已、李进文、李进禄、李进贤、□□曾、李□玉、钱雅城以上各式千，谷成章、崔廷□、□□□、冯立礼、韩□、李玉恒以上各一千。

鸽子园：□□局拾式千。王家庄：午隆堂伍千，许久堂肆千，义成油房、桓义油局、庆成号、高文□、高文□以上各式千，□永福一千伍百，田□本、高顺、王大和、韩亮、田禄、尹忠、王虎、□和、容可治、王步祖、李述祥、□□□、陈和、贾俊、李□□、李□□、陈永佐、崔德堂、高文昇、王步偕、王□□以上各一千。广禄庄拾伍千，小山堂叁千。南白岱：一树堂、宋□□、四宜堂、吕恢、吕桂丹、吕桂□、吕桂亭、庆余堂、和□□以上各一千。

北白岱：贾瑞一千伍百，李玉□、魏□、□金□、□□、郭玉山以上各一千，魏泰式千，张□庆（深水）式千，张□庆（东□）式千，张□□、化□□式千，□自□、庆来永、□昌号、隆茂□、□新号、隆茂堂、德兴店、义盛厂、□和裕、元裕成以上各一千。塔照村：丁洛宽陆千，丁祖宽、丁希冉、丁希廉、丁兆明、丁□然、丁天然、丁□□、丁□□、董玖荣、蔡□以上各一千。前后石门：邢公和贰拾千，王□□、王□□、王邦礼以上各式千，王斌、王桐、王□、王□、王□、王□礼以上各一千。四座庙：魏良玉□千。

涿州：□德堂陆千，公盛当叁千，天顺□房伍千，大丰号肆千，公□号肆千，裕源公号叁千，万□局叁千，□和堂、万龄池、景年堂、永主堂、广成号、德□楼、永祥局、中正盛恒、兴隆盛、公义盛以上各式千，永茂漆店、文聚楼、敬远楼、天成益、文德楼、文玉楼、广茂号、南保和堂、积成号、王福以上各一千。

长沟镇：永德号伍千，公顺永、德兴堂、顺成堂、大来湧以上各肆千，大顺局式千,三春号式千，永来和式千，积德楼壹千，西盐店壹千。高家庄：

周璘陆千，周玥壹千，高廷禄壹千。小白岱：庆丰堂伍千。茂林庄伍千。

房山县：全义店捌千，天城当肆千，元吉当肆千，□兴号叁千，公盛号、复昌号、义盛长、公合庆、晋庆泰、夫庆恒以上各式千，人和公一千五百，德泰永、培元德、德和号、永盛号、信义号、永顺公以上各一千，福源店伍百文。半壁店：鸿泰号壹拾千，高中和陆千，尚俊□伍千，兴盛号肆千，山益斗局、宗绣、宝兴店以上各叁千，西顺源、隆泰成、赵章以上各式千，恒兴德壹千五百，许进□、人和堂、尹德、义和盛、高中□、刘玉衡以上各一千，冯希□、德瑞盐店、公盛蓆店、永丰号以上各式千。卢村：于成□□式□千、□仙□拾□千。

易州：玉隆店贰拾千，三庆盛伍千，裕盛号伍千，张克明壹千。涞水县：玉丰局壹拾千，公粮行陆千，天泰当肆千，义兴当肆千，□瑞号肆千，裕盛店叁千，德裕成叁千，东如玉式千，聚源湧式千，明盛号壹千五百，丰盛永壹千。石亭镇：玉兴当贰拾千，玉昇号拾伍千，德丰局陆千，王瑞昇伍千，泰盛号叁千，仁义成叁千，玉义成叁千，天顺号、刘玉德、裕盛盐店、刘温、聚成太、同太居以上各式千，吉兴楼、□凤仪、□盛德、解谦、泰永顺、高清俊、聚盛店、王修身、李□□、王琨、□玉□上各壹千。东赤土：李士魁壹拾千，□桂□式拾千。

岩上村：张克祥式千，张宏瑞式千，张宏业、张宏达、张宏曾、张宏涂、张□儒、张深以上各四千。小邵村：□克宽壹拾千，李文明壹拾千，果兴泰伍千，王士成、韩□德、尉□、郭荣辉、安成、耿宽以上各式千，果永泰壹千，邓宽壹千。百尺杆：仁义堂、崇德堂、二丰堂以上各式千，张文立、朱盈、谢玉、王昇、殷琇、李森、王永和、王之禄、高□双、王贤、张岳、尉连明、尉连茂、□□以上各一千。花园：明□当式千，□□成、王□、王孝、李珍以上各一千。

镇江营：常茂明叁千，李□□叁千，郭士其叁千，丁兆□、丁兆□、尚□宗、尚茂宗、赵□宗以上各式千，赵□、常万才、赵连城、李云、李福、常万□、高□□、李□、朱立功、常振□以上各□千。高村：郭□伍千，□□□贰千，陈福□□千，郭立和叁千，郭天宽□千，郭立言、郭立纲、郭玖、赵连芝、戎立功、戎捷、戎勋、倪德元、苗芬顺、王□宝、龙全贵、李金、刘凤瑞、郭□、赵文义、倪德进以上各一千。杨树底下：隗大文、隗荣富、隗□明、□□□以上各一千。西疃：李□□贰千，郭义新、田贵才、赵贵□、关□□、李□和、张进福、□□、郭树华、田秉□、田振泰、郭森、□希礼、田□□、张俊、刘□仁、田□□以上各□千。赵各庄：胡永中式千，胡永盛、胡永佐、胡永□以上各一千，张宪义、□□共壹千。山东：徐□□壹千，□□□壹千，□□壹千。

碑文考释

碑阴记载：修建美报祠捐资的有周边两州两县四城 30 个村，并涉及山东省。

四城有涿州城、易州城、房山县城、涞水县城。

房山县 21 村：南尚乐、北尚乐、辛庄村、惠南庄、石窝村、王家庄、塔照村、前石门、后石门、四座庙、半壁店、岩上村、镇江营、高家庄 14 村，今属房山区大石窝镇；广禄庄、南白岱、北白岱、小白岱（今西白岱）4 村，今属房山区张坊镇；赵各庄，今属房山区韩村河镇；卢村，今属房山区窦店镇；长沟镇（今为长沟村），属房山区长沟镇。涿州 6 村：花园、百尺杆、茂林庄、小邵村 4 村，今属河北涿州市百尺竿镇；高村，今属河北涿州市豆庄镇；西疃，今属河北涿州市东城坊镇。涞水县 3 村：东赤土、义和庄、石亭镇（今石亭村），属河北涞水县石亭镇。

杨树底下，地名，在今大石窝镇半壁店东。鸽子园，在今大石窝镇北尚乐村东。

房山县、涿州、易州、涞水县大小商号 129 家，其中房山县 74 家，涿州城 26 家，易州城 3 家，涞水县城 26 家。

房山县 74 家。县城 18 家：全义店、天城当、元吉当、□兴号、公盛号、复昌号、义盛长、公合庆、晋庆泰、夫庆恒、人和公、德泰永、培元德、德和号、永盛号、信义号、永顺公、福源店。南尚乐 9 家：三合同、□□元、长和公、□□局、玉合明、玉合荣、兴合号、□□局、□□源。石窝村 5 家：恒顺酒店、恒顺□店、永安堂、兴隆号、大□局。半壁店 12 家：鸿泰号、兴盛号、山益斗局、宝兴店、西顺源、隆泰成、恒兴德、人和堂、义和盛、德瑞盐店、公盛蓆店、永丰号。王家庄（今王家磨）5家：午隆堂、许久堂、义成油房、桓义油局、庆成号。鸽子园1家：□□局。北白岱9家：庆来永、□昌号、隆茂□、□新号、隆茂堂、德兴店、义盛厂、□和裕、元裕成。南白岱4家：一树堂、四宜堂、庆余堂、和□□。小白岱（今西白岱）1家：庆丰堂。长沟镇10家：永德号、公顺永、德兴堂、顺成堂、大来湧、大顺局、三春号、永来和、积德楼、西盐店。

涿州城26家：□德堂、公盛当、天顺□房、大丰号、公□号、裕源公号、万□局、□和堂、万龄池、景年堂、永主堂、广成号、德□楼、永祥局、中正盛恒、兴隆盛、公义盛、永茂漆店、文聚楼、敬远楼、天成益、文德楼、文玉楼、广茂号、南保和堂、积成号。

易州城3家：玉隆店、三庆盛、裕盛号。

涞水县26。县城11家：玉丰局、公粮行、天泰当、义兴当、□瑞号、裕盛店、德裕成、东如玉、聚源湧、明盛号、丰盛永。石亭镇15家：玉兴当、玉昇号、德丰局、王瑞昇、泰盛号、仁义成、玉义成、天顺号、裕盛盐店、聚成太、同太居、吉兴楼、□盛德、泰永顺、聚盛店。

房山县的74家商号，除县城18家外，其中56家集中在长沟、大石窝、张坊一线的清房易御路沿线，反映了清道光年间，这一带商业的发达。而以汉白玉开采著称的大石窝镇仅南尚乐、石窝村、半壁店、王家磨5村，就有商号31家，半壁店村独占鳌头达12家之多。房山县西南乡商业发达，主要是御路经济所致。半壁店就是突出的例子，该村不仅在御路结点上，且村子与半壁店行宫毗邻，一时间，商铺林立。

○八三 元故康公墓志

前涿州医学学正表弟贾壤述并碑额篆书

门生任亨祚书

公讳信，字则□焉。父讳伯全，为人刚毅，敢果有谋略，当凶荒之际，□因乡间推崇为千夫长，至今犹号康官人。家母韩氏，有妇德。昆弟四人，公次三也，平生沉厚有断置，与时无忤，凡宗族故旧内娴外戚皆无间言。于辛卯年三月初一日生，不幸于至元十二年三月二十五日以疾而卒。享年四十有六，葬于祖茔父墓之左，乡里人多吟悼之，甫娶胡垳尚氏，早世生一子夭亡而卒，幸有三子一女克□其家。继娶石门著姓蘧氏，妇言容德，若举无不□□□孤□□□□□于乙未年十二月二十九日生，延祐六年十月初五日□□疾卒，春秋八十有五，合祔公茔，礼也。生子男三人，长名仲禄，字瑞卿，妻何氏，三子一女；次名仲礼，字和卿，妻毛氏，三子二女；幼名仲义字宜卿，妻梁氏。三子俱善经其业。女二人，长适王德禄，次适孙□。男仲禄、仲礼、仲义辈痛其早孤，赖母蘧氏，抚育之重，报效无由，尤恐年移代革而莫知所自，故勒此石，俾后世子孙有以考焉，并庶乎报□追远之意云。

时大元延祐七年二月清明前吉日　　嗣康仲禄等立石

石匠李仲信刊

碑刻说明

元刻。辛卯年，蒙古太宗三年（1231）。乙未年，蒙古太宗七年（1235）。

碑文考释

述文并篆额者贾壤，为"前涿州医学学正"，是主管涿州医学教育的官员。元涿州，隶大都路，辖范阳、房山两县，即今河北涿州市和北京房山区西部。那么，贾壤是主管范阳县、房山县医学教育的学官，管辖范围相当于今北京房山区西部和河北涿州市。元代的学校有国子监学、蒙古字学、回回国学、医学、阴阳学。从中央到各路州府，都这样布局。

墓主康信，为康伯全第三子。康信生于蒙古太宗三年（1231）三月初一日，至元十二年（1275）三月二十五日去世。初娶胡垳尚氏早卒，有三子一女。继娶石门著姓蘧氏，蘧氏蒙古太宗七年（1235）十二月二十九日生，延祐六年（1319）十月初五日去世，有子男三人，长子康仲禄，字瑞卿；次子康仲礼，字和卿；三子康仲义，字宜卿。

贾壤，元抱玉里北抱玉村人，元代抱玉里文靖书院创办人。据大德八年（1304）二月《有元故医隐贾君阡表》：贾壤父贾德全娶康委之女，康委为康信祖父，故康信父康伯全为贾壤舅父，贾壤生于元世祖忽必烈中统三年（1262）五月二十四日，小康信三十一岁，故自称"表弟"，康信去世的至元十二年（1275），贾壤才十三岁，44年后，其表嫂蔺氏寿终，翌年贾壤为述事篆额，康信子康仲禄立碑于墓。

○八四　康氏先茔碣铭

静修先生刘文靖公门人贾壤述并篆

门生焦叔庸书

延祐七年正月一日，将仕佐郎金玉府石局大使康君惠琮方疾革，召其侄恕嘱之曰："予以世名族居涞阳，自曾大父某籍于是，及大父伯全、伯成以艰苦起家，使若等得保有成业而予滥叨寸禄，非祖宗阴积，焉与于此？予生平思以报之而莫知所为，观近世立石先茔，虽未足为仰答之极致，亦人子爱亲不容已者。予存心有自矣，特以名微德薄为累，而今天复有责于予，已不及行也。若肯成之，予庶敢见先人于地下，而不含恨于九原矣。"恕应曰："诺。"是日，惠琮卒。及今四祀，恕思之不辍，乃与父仲元、叔仁德谋分所有，欲终刻石，遂状遗训如右，而来请予铭。予迫于礼文谨且备重，以其先与予有缌功之亲，义不可辞。

按康氏世籍涞阳之赤土里，其故茔尚可考，自曾祖某婿于上乐，遂隶房山。曾祖妣张氏生五子，长与次三，及幼皆蚤亡，所存者祖考伯全、伯成也。伯全劲勇刚烈，所谓虽万人吾往者。当金乱离之际，保亲族邻里合千百家得守坟墓，安然无虞。苟非风节襟量有异于人，孰能与于是哉？娶王氏、韩氏、李氏，生子四：毓、用、信、宁，毓王出，宁李出，余皆韩出也。伯成笃实温善，事兄敬，待物宽，娶张氏生子五：庆、秀、福、瑀、赜。秀即惠琮之考，其行实各见于墓志，而宗支又备列于石阴，故但著其沿革出处之大略而以铭终之。铭八章，章四句：

粤若康氏，世籍涞阳。叶隆根固，源深流长。谁鼓其澜，支分东往。

乃媲既嘉，上乐是寓。慎德励行，源知益深。载生载育，诜诜如林。

子曰全成，克蹈前轨。会金崩乱，保族存祀。乐只毓辈，各钦乃身。

室家耽耽，庭除生春。福善益谦，是田天道。越天匪私，是曰予浩。

爰至将仕，思报厥先。状节未遂，已终其天。有侄尤良，遗训斯守。

刻石坟阿，以示攸久。

时大元泰定元年岁次甲子春二月廿八日

仲元、仁德及子恕同立石

石匠婿蔡琮

碑刻说明

元刻。在南尚乐。泰定元年（1324）刻。拓片高 151 厘米，宽 85 厘米。碑额篆书"康氏先茔碣铭"。

碑文考释

"静修先生刘文靖公"，为容城刘因。刘因，字梦吉，号静修，容城人，元代著名理学家、诗人。生于蒙古海迷失后元年（1249）闰二月九日，至元三十年（1293）四月十六日辞世，元仁宗延祐年间赠翰林学士、资善大夫，追封容城郡公，谥号文靖。述文篆额者贾壤是刘因的入室弟子，故称"静修先生刘文靖公门人"。

贾壤开办文靖书馆，教授乡里子弟，书铭者焦叔庸是贾壤弟子，故称"门生"。《寰宇通志》："文靖书院，在房山西南七十里之抱玉里，元里人统管赵密、宣德府教授贾壤尝从容城刘因游，归以其学教乡人，乃建书院立祠祀之。因以见其学之所从来，元赐额曰：文靖书院。"

此为元代将仕佐郎金玉府石局大使康惠琮墓碣铭，将仕佐郎，文散官名，从八品。金玉府，元代建大都城和皇宫的采石机构。

石局即采石局，《元史》志第四十"百官六"："采石局，秩从七品，大使、副使各一员。掌夫匠营造内府殿宇寺观桥闸石材之役。至元四年，置石局总管。十一年，拨采石之夫二千余户，常任工役，置大都等处采石提举司。二十六年罢，立采石局。"

康惠琮任石局大使，为采石局的主官，秩从七品。当年此人应该参与了元大都的建设，是大石窝东西两石厂主要负责采石的官员。这是元代建大都在大石窝镇采石和大石窝镇人参与采石的见证。

康惠琮，祖籍涞水赤土里，今涞水县大赤土村。曾祖康委，官居涞阳招讨判官，聚上乐（今北尚乐）张氏，康氏遂在房山县上乐（今南尚乐）定居。元代无南尚乐，上乐西南一聚落，后来独立成村，才有南尚乐。康委子康伯全、康伯成，康伯全有子康毓、康用、康信、康宁；康伯成有子康庆、康秀、康福、康瑀、康赜。康惠琮为康秀之子。

"缌功"，血缘关系较为疏远的亲戚。贾壤的父亲贾德全，聚康委之女康氏为妻。大德八年（1304）二月《有元故医隐贾君阡表》："配康氏，涞阳招讨判官君委府君之女。"

论辈分，贾壤是康委的外孙，康伯全、康伯成兄弟的外甥，与康伯成之子、康惠琮之父康秀是表兄弟，长康惠琮一辈，康惠琮为贾壤表侄。古人重视宗族血缘关系，相较内亲，外戚算是远亲，何况康惠琮又是晚辈，故贾壤称"缌功之亲"。

○八五　康厚斋及妻朱氏墓碑

显考康公厚斋府君、妣康母朱太孺人之墓
男俭，孙致田、致祥、致常、致增，曾孙缙等敬立

碑刻说明

民国刻。在南尚乐。拓片高116厘米，宽67厘米。碑额篆书"永言孝思"。

碑文考释

此为南尚乐康氏一族康厚斋与妻朱氏墓碑。立碑者为其子康俭，孙康致田、康致祥、康致常、康致增，曾孙康缙等。

康母太孺人贤德纪念碑

天下可惊、可泣、可钦、可仰之事，在斯人于生前，不过为尽职而已，初何有沽名邀誉之心？暴白于子孙欲亘日月而常新哉！然自古忠孝节义或笔之书史，或勒诸金石，始永垂不朽。予乡前辈康厚斋先生之德配朱太孺人，系生长涿县百池甘村，至性天成，动谙闺训。年十九岁于归康门，四德俱备，宜室宜家，与厚斋先生相敬如宾，颇有梁孟之遗风。然此犹其细焉者也，最难能者，厚斋先生年逾太衍，身染痼疾，药饵罔效，太孺人昼夜服事，目不交睫者累日，誓以身代。闻医家言用人肉和药厥疾可瘳，太孺人忧喜交并，忧则忧夫病之剧，喜则喜夫方之奇。遂暗割臂肉和羹以进厚斋，先生含之甘，沉疴乃愈。呜呼！尝闻雍正年间，嘉定潘德馨曾割肱以愈母疾，彼称孝子，史册彪炳千秋。夫孺人本一坤道，贤义若此，直与之争烈矣。太孺人寿享六旬有六，临终示以臂痕，辄幻成莲花形。太孺人生哲嗣三人，勤、俭、俊。甫子功者居长，予之从姊夫也，言及此事，每泪下如雨，尝欲树贞珉于墓前，以彰母德，第有志未逮，今已化去。其子致田喜继父志，孝行可嘉。名俊者居幼，弱冠早亡，其妻氏刘能励永节，以次门甫子儒之次子致祥承嗣于氏，没后特列入县志，并悬额旌表焉，孝思可谓不匮矣。虽然，刻石之举非子儒先生肫肫恳恳，不能玉成，论戚谊为予老姻兄，予一生之厚友也，性最诚笃，持斋礼佛，奉考妣、兄长如生存。冢妇方氏，居孀守贞不二。长孙缙，杰出一乡，皆先生修德所致，此其所然者也。先生心愿，凡兄长所未了之事，务要作到者。只此表彰母德之一大端，孝悌兼全，舍先生其谁与归？先生已经寿登八秩，矍铄非常。统观节交孝悌，萃于一门，子孙发达，岂非可惊、可泣、可钦仰者哉？墓表鸠工之际，嘱予为记，予于是乎大书而特书。

姻愚晚焦毓桐熏沐拜纂并篆额

愚表晚唐振藻敬沐书丹

中华民国三十一年三月榖旦

石工镌字刘克常、刘克明

碑刻说明

民国三十一年（1942）立。在《康厚斋及妻朱氏墓碑》碑阴，碑额篆书"矜式鸾凤"。

碑文考释

"年逾太衍"，年过五十岁。《周易·系辞上》："大衍之数五十。"

碑阴记：康厚斋之妻朱氏，涿县百池甘村（今河北涿州市百尺竿镇百尺竿村）人，十九岁于嫁南尚乐康厚斋，生康勤（号子功）、康俭（号子儒）、康俊三子。康俊最幼，早卒。康勤子康致田，康俭子康致祥，孙康缙。

此记意在记载朱氏贤德。碑文称道朱氏与康厚斋相敬如宾，有梁鸿孟光遗风。着重记述了她割肉救夫的事迹。朱厚斋先生年五十岁后，身染顽症，久治不愈，朱氏日夜服事，目不交睫，誓以身代。后来听医生说，用人肉和药可治此病，于是暗中割下臂肉，掺和在汤药中，给康厚斋进食，病果真好了。朱氏享寿六十六岁，割肉救夫的事，一直瞒着儿孙，直到临终，才伸出手臂，把割肉的伤疤给儿孙们看。长子康勤，本想为朱氏立碑，以彰母德，可惜故去。康勤之子康致田继父志，与叔父康俭于民国三十一年（1942）三月终于为朱氏立碑于墓侧。

朱氏割肉救人之事，在房山为第二例，第一例发生在清康熙年间。民国十七年（1928）《房山县志》卷三"古迹"："双孝村，原名小营，村人有高国栋者以母老而奉养乏人，顾册宋启元妻王氏，因家贫卖身，国栋出资购之，王氏临行泣曰：'去则去耳，独孤老染病在床。我去谁为侍者？'因割腕肉以进曰：'媳无以报，只此一片肉耳。'遂昏倒于地。国栋见而怜之，不忍夺其志，舍而去之。并将其所出之资使人语之曰：'助尔奉姑，毋还也。'王感高之义，姑旋卒，王遂归高以养高母。后高母病，医药无效。王与高共割肉以进。母病立愈。知县罗在公闻其孝，详请匾额，并捐俸立坊以旌之。因改小营为双孝村。"

○八六　田自贤墓碑

嘉庆乙亥年阳月吉旦

例赠宣德郎田氏先考自贤府君、安人田氏先妣俞、李太安人之墓

孝男沂、淇，孝孙景玉

碑刻说明

清刻。在南尚乐西田氏墓地。拓片高154厘米，宽74厘米。碑为田自贤二子田沂、田淇及孙田景玉立。

碑文考释

嘉庆乙亥年，嘉庆二十年（1815）。

田氏为南尚乐大姓。宣德郎，文散官名。清代吏员出身者从六品授宣德郎。田自贤例赠宣德郎，其子应为从六品的宣德郎。

○八七　田增及妻邢氏墓碑

民国己巳年五月穀旦

清封中宪大夫显孝讳增字益斋田府君、恭人妣邢太府君之墓

锡蕃、锡绶、锡骏、锡元敬立

碑刻说明

民国刻。在南尚乐西田氏墓地。拓片高151厘米，宽68厘米。碑额双勾题"壬山丙向"。

碑文考释

民国己巳年，民国十八年（1929）。

中宪大夫，文散官名，清代为四品。据碑阴，田增的官职为死后例赠。

益斋公墓表

盖世之交口推许者，我知之矣。且口位之口口即事迹之新奇而于善言善行之人，则往往任其湮没而不道。陶靖节云：真风告逝，大伪斯兴。伊古以来，有同慨矣。然口能发庸行则虽不彰于当时，亦自可风，薄俗如我姑丈田公有可口。田公讳增，字益斋，姓田氏，世居北平房山县南尚乐村。曾祖讳自贤，祖讳浴新，父讳辉山。公八岁失怙，哀泣如成人。奉母极孝，后与两兄析著，家务纷繁，惟恃母夫人主持。及冠婚后，母春秋高，难任勤动，遂不得不辍学而理家事，纳粟为武监生。公存心忠厚，好义若出天性，遇人有事处极难者，则亟为解决之。视朋穷乏者，则量其力所能至，顾恤周济之。由是，戚党乡邻以及士大夫莫不交口赞其议焉。晚年家业益允盛，门庭口口，子孙昌识，店享丰厚，优游之口者十数年，岁口厚口，所钟天佑，善报乎。公生于道光乙未年八月初八日酉时，卒于光绪壬寅年九月二十七日卯时，享年六十有八。以子贵，封中宪大夫。配邢氏，封恭人，生于道光辛卯年三月初三日寅时，卒于光绪庚寅年二月二十四日卯时，享年六十，侧室李孺人。

子四。长锡蕃，户部司务厅司务加五品衔。次锡绶，守御所千总。三锡骏，附学生，中年故。皆邢夫人出。次锡元，李孺人出，少殇，以锡绶第三子汐嘉为嗣。孙男女十人。

以光绪癸卯年三月葬村西祖茔之次。余，公内侄也。少承口口口公资助读书成名，今年已以七十有二，恐口口光朝露，公之德口口口不口于后，固略述梗概，镌之于石，使后人有所征信焉。

口贡内侄邢福荫撰

赐进士出身陈云浩书丹

碑刻说明

民国刻，在《田增及妻邢氏墓碑》碑阴。拓片高 165 厘米，宽 70 厘米。碑额双勾题"慎终追远"。

碑文考释

道光乙未年，道光十五年（1835）。道光辛卯年，道光十一年（1831）。光绪壬寅年，光绪二十八年（1902）。光绪庚寅年，光绪十六年（1890）。光绪癸卯年，光绪二十九年（1903）。

田增，字益斋，世居房山县南尚乐，生于道光十五年（1835）八月初八日，曾祖田自贤，祖父田浴新，父亲田辉山。其曾祖墓碑《田自贤墓碑》为田沂、田淇及田景玉立，未署田浴新和田辉山的名字。按古之规矩，如田自贤另有子孙，立碑时当署。或是浴新、辉山，是号，非名。那么，假定田增祖父是田自贤长子，则名沂，号浴新；其父为田沂子景玉，号辉山。

田增弟兄三个，上有二兄，其八岁丧父，二兄独立成家，田增与母亲一起生活，二十岁左右成家，不得不辍学料理家事，所幸生计宽裕，出粮纳了个武监生。田增娶前石门邢氏，侧室李氏，有四子：长子田锡蕃，户部司务厅司务加五品衔；次子田锡绶，守御所千总，是漕运总督所辖守御所主官，秩从五品；三子田锡骏，附学生员，三人都是邢氏所生；侧氏李氏生田锡元，最小，幼年夭折。光绪二十八年（1902）九月二十七日田增故世，享年虚岁六十八岁。光绪二十九年（1903）三月葬于村西祖茔。由于长子田锡蕃为户部司务厅司务加五品衔，例赠中宪大夫，原配邢氏例赠恭人。邢氏生于道光十一年（1831）三月初三日，卒于光绪十六年（1890）二月二十四日，享年虚岁六十岁。

○八八　刘士光墓碑

皇清邑庠生显考讳士光刘公、显妣隗孺人之墓

碑刻说明

清刻。在南尚乐刘氏墓地。拓片通高168厘米，宽81厘米。碑额正书"光前裕后"。

碑文考释

邑庠生，又叫秀才、茂才。古代学校称庠，故学生称庠生，为明清科举制度中府、州、县学生员的别称。庠生也就是秀才之意，庠序即学校，明清时期叫州县学为"邑庠"，所以秀才也叫"邑庠生"，或叫"茂才"。墓主刘士光，为清代房山县的邑庠生，也就是秀才、茂才。

碑阴

从来户大者必分宗，承先者谊继后。水源木本之思，不胜有怀始思初之感。吾原籍涞水，世居板城，原其始亦自有不可考者，遍览板城诸茔内碑记，尚存有大金明德、明昌年者，亦有大元至大、延祐年者，历年已久，宗支太繁。自吾祖讳权者于乾隆己酉年寿终，葬于板城老茔，后吾父迁居涿君，虽有阳宅，未有阴地，于嘉庆十年五月上旬，择于房邑南上乐村之西北，卜其安宅，建立新茔，后吾父讳士光者于嘉庆己卯年辞世葬于此茔，奉为始祖。第恐世远年湮，后世莫辨，是以将原籍何县，世居何村，徙居何郡，建茔何时，逐细陈明，以示后之子孙，慎终追远，感德莫忘。故为之勒石，以志久远云尔。

计开茔地叁拾肆亩，东至田姓，南至沟心，西至沟心，北至田姓。

葬法壬艮山面坤向是也。

大清道光拾壹年仲春月上浣谷旦奉祀男彰、兰撰文敬立

碑刻说明

在南尚乐刘氏墓地。拓片通高 168 厘米，宽 80 厘米。碑额正书"百世不易"。

碑文考释

"大金明德、明昌年者"，金无明德年号，疑海陵王"天德"年号之误，明昌，金章宗年号。乾隆己酉年，乾隆五十四年（1789）。嘉庆己卯，嘉庆二十四年（1819）。

刘氏，世居涞水县板城村（今属涞水县赵各庄镇），为当地旺族。族源可追溯到金代，历元明，清乾隆五十四年（1789）刘权寿终，葬于板城村祖茔，刘权之子刘士光于嘉庆初，迁居顺天府涿州房山县（今北京房山区大石窝镇）南尚乐，进县学就读，成为邑庠生。可见涞水板城刘氏应为一方乡绅，子弟受到良好的教育。嘉庆十年（1805）五月上旬，卜茔于房山县（今房山区）南尚乐西北，嘉庆二十四年（1819），刘士光辞世，葬于此地。道光十一年（1831）二月上旬，其子刘彰、刘兰为之撰文立碑。刘士光，为南尚乐刘氏板城一脉始祖，刘彰、刘兰为二世祖。

图书在版编目（CIP）数据

房山碑刻通志 . 卷一，大石窝镇 / 杨亦武著 . -- 北
京：社会科学文献出版社，2018.6
ISBN 978-7-5201-2728-8

Ⅰ . ①房… Ⅱ . ①杨… Ⅲ . ①碑刻－汇编－房山区
Ⅳ . ① K877.42

中国版本图书馆 CIP 数据核字（2018）第 097723 号

房山碑刻通志·卷一·大石窝镇

著　　者 / 杨亦武

出 版 人 / 谢寿光
项目统筹 / 宋月华　李建廷
责任编辑 / 胡百涛

出　　版 / 社会科学文献出版社·人文分社（010）59367215
　　　　　　地址：北京市北三环中路甲 29 号院华龙大厦　邮编：100029
　　　　　　网址：www.ssap.com.cn
发　　行 / 市场营销中心（010）59367081　59367018
印　　装 / 北京盛通印刷股份有限公司

规　　格 / 开　本：787mm×1092mm　1/8
　　　　　　印　张：25.5　字　数：201 千字
版　　次 / 2018 年 6 月第 1 版　2018 年 6 月第 1 次印刷
书　　号 / ISBN 978-7-5201-2728-8
定　　价 / 498.00 元

本书如有印装质量问题，请与读者服务中心（010-59367028）联系

⚠ 版权所有　翻印必究